满天繁星瞭望灯塔

——沧南教授纪念文集

李伏清 钟夏萍 主编

湘潭大学出版社
XIANGTAN UNIVERSITY PRESS

谨以此书纪念沧南教授

沧南教授旧照

2018 年 9 月，沧南教授在湘潭大学 60 周年校庆上发表感言

2021 年 6 月,获评湖南省优秀共产党员

荣获“CCTV 感动中国之感动湖南十佳人物”称号

沧南教授生平

中国共产党的优秀党员，我国著名毛泽东思想研究专家，湘潭大学离休干部、原哲学系主任沧南教授因病医治无效，于2023年1月6日17时54分在湘潭不幸逝世，享年99岁。

沧南，原名高家贵，曾用名高志坚，汉族，1924年5月生（农历），安徽合肥人，曾就读于南京安徽中学徽州分校、芜湖芜关中学徽州分校，1950—1952年在中国人民大学经济系学习，毕业后留校任教。1956年5月加入中国共产党。1959年到武汉大学任教，先后担任哲学教研室副主任、主任。1977年响应党的号召，来到湘潭大学，从事马克思主义哲学、毛泽东思想研究等方面的教学与科研工作，历任政治学系副主任、哲学系主任。1978年晋升为副教授，1986年晋升为教授。1995年光荣离休。

沧南教授一生治学严谨，追求真理。沧南教授是湘潭大学哲学学科的主要创始人之一。他致力于毛泽东思想研究，是我国毛泽东思想研究、特别是毛泽东哲学思想研究的重要开拓者，为马克思主义中国化研究作出了杰出贡献。他提出并建构了毛泽东方法学理论，该理论在毛泽东思想研究界贡献巨大，成为最具影响力的理论之一。在他的推动下，湘潭大学成为全国第一所培养毛泽东哲学思想研究生的高校，湘潭大学毛泽东思想研究中心获批为教育部人文社科重点研究基地。

沧南教授一生执着追求，躬耕不辍。出版《毛泽东哲学思想研究》《毛泽东方法学》《现代化视野中的毛泽东思想研究》等多部著作，在《毛泽东思想研究》《党的文献》等高级别刊物上发表《论共产党人的信仰》《毛泽东同志对辩证唯物主义认识论的主要贡献》等论文百余篇。1991 年被评为“湖南省普通高校科技先进工作者”，1992 年享受国务院政府特殊津贴，1993 年被评为“全国优秀教师”，1998 年由湖南省委、省政府授予“湖南省荣誉社会科学家”称号，2019 年教育部发布《关于授予沧南同志“全国优秀教师”荣誉称号的决定》，再次获得“全国优秀教师”荣誉称号。

沧南教授一生立德树人，诲人不倦。他因材施教，培桃育李，尊重学生个性，鼓励学生解放思想、大胆探索。他培养的一大批学生成长为学术界、特别是毛泽东思想研究领域的知名专家，有些学生成为国家机关、企事业单位的杰出代表。沧南教授是“经师”和“人师”统一的楷模。离休后他依然奋斗在学生工作一线，坚持给学生上党课，教育青年坚定信仰，传播信仰力量。2019 年被中央组织部授予“全国离退休干部先进个人”荣誉称号。

沧南教授一生信仰坚定，无私奉献。他是坚定的马克思主义者，忠诚于党，信念如磐，多次被评为优秀共产党员。他节衣缩食，捐资扶助贫困学生，助力疫情防控，情系孤老残幼，对爱心事业关怀备至，2018 年获“感动中国之感动湖南人物”，2019 年获“第七届全国道德模范提名奖”。

沧南教授一生以身作则，始终坚守一线立德树人，被称为青年学生的“活教材”。教育部“教师〔2019〕9 号文件”倡导全国广大教师要以沧南同志为榜样，学习他绝对忠诚、爱党爱教的崇高品质，学习他立德树人、无私奉献的师德风范，学习他为党育人、为国育才的志诚情怀，学习他勇于攀登、服务人民的品格风范。

沧南教授的一生是献身于毛泽东思想研究的一生，是献身于人民教育事业的一生，他热爱祖国、对党忠诚，他德高望重、淡泊名利，他睿智豁达、平易近人，深受学生们的尊敬与爱戴，是我们敬仰的好老师。沧南教授的逝世是湘潭大学的重大损失，是毛泽东思想研究界的重大损失，我们要继承和发扬他的学术思想，继承他探索创新的学术品格，学习他无私奉献的精神，为毛泽东思想研究努力奋斗。

本书的编写，既是对沧南教授的缅怀，又是致敬，更是向世人传递老党员的忠诚与坚定的最好方式，将其一生的感人事迹作为弘扬社会主义核心价值观的一面旗帜，使共产主义信仰随书香之风飘散到每一位青年、每一位党员心中，让社会主义核心价值观在服务社会、服务国家的过程中永葆青春魅力。

沧南教授千古！

目　录

CONTENTS

上篇　忆往昔岁月　铭初心如磐

上篇

忆往昔岁月　铭初心如磐

沧老师，您真的走了吗？

◎ 彭国甫*

沧老师离开我们已经三个月了，我却时常与沧老师在一起，可惜只是在梦里。我经常在反问同一个问题：沧老师，您真的走了吗？

“把湘潭大学办好，是湘大精神的灵魂所在，更是所有湘大人的初心”

恢复建校之初，怀着“一定要把湘潭大学办好”的伟人嘱托，全国90多所高校和科研院所的622名骨干教师荟萃到湘潭大学。沧老师就是这622名教师中的一员。复校初期的湘潭大学条件非常艰苦，没有教工宿舍，老师还分散住在周边农民家里。在这里，沧老师率队创办哲学专业，创建毛泽东哲学思想教研室，在全国率先培养毛泽东哲学思想专业硕士研究生，创办教育部人文社科重点研究基地——毛泽东思想研究中心，开辟了毛泽东方法学这一全新研究领域，培养了一大批优秀人才。

---

* 彭国甫，系湖南省人大常委会副主任，师从沧南教授。

沧老师不仅自己热爱、扎根、奉献湘大，而且谆谆教导青年教师也这样做。1994 年，我破格晋升为教授，一些高校商调我去工作，我犹豫不决时，沧老师语重心长地跟我说：“你这么年轻就当上了教授，这不是你要调离湘大的资本，而是要更好建设好湘大的资本。”“如果年轻人评上了教授就要调走，学校怎么能够建设得好？你是共产党员啊，应当好表率。”从此以后，不管什么学校用多么高的待遇来做我的工作，我都直接拒绝了。在沧老师的言传身教下，一批又一批优秀年轻教师扎根湘大，成长为湘大人才培养、学科建设的栋梁。

“为什么我的眼里常含泪水，因为我对这土地爱得深沉。”沧老师对湘大这片土地之所以爱得深沉，不只是出于个人情感，更是出于一种理想信念和价值追求，就是“一定要把湘潭大学办好”。他常常对我们说：“牢记伟人嘱托，传承湘大的红色基因，是我们的荣光和使命。”“把湘潭大学办好，是湘大精神的灵魂所在，更是所有湘大人的初心。”沧老师心口一致、知行合一、说到做到。从 53 岁到 99 岁，在湘大矢志不渝、笔耕不断、诲人不倦，用信仰、灵魂乃至生命，诠释了“春蚕到死丝方尽、蜡炬成灰泪始干”的深刻内涵，矗起了“一定要把湘潭大学办好”的精神丰碑，演绎了“人民教师为人民”的光辉形象。追忆宗师，回望湘大，我们就要守住初心，以高度政治责任感、使命感，带着特别感情贯彻落实好习近平总书记对湘潭大学重要批示精神，踔厉奋发、只争朝夕，把湘潭大学办得更好、更有特色。

“什么也不能动摇我信仰的决心和力量”

一个人可以一无所有，但不能没有理想信念。如果没有理想信念，就等于没有灵魂。沧老师的理想信念是坚定的，是绝对的。记得我读硕士研究生的时候，沧老师对我们说："理想信念必须是绝对的。所谓绝对的，就是无条件的，任何时候、任何场合都要矢志不渝、坚定不移。""我就是一个放牛娃，是在党的教育下培养出来的，什么也不能动摇我信仰的决心和力量。"虽然 36 年过去了，沧老师这些铿锵有力的教导，至今还时常在我的心中激起澎湃力量。在同样的历史条件和工作环境中，为什么有的人成为经得起考验的优秀领导干部，有的人却沦为阶下囚呢？最根本的原因就是他们的世界观、人生观、价值观不同，后者丧失了理想信念。2017 年，沧老师把他写的《沧年往事》书稿交给我，叫我提提意见，有一段话我感受特别深："共产党人只有一种人生观，没有离退休后的第二种人生观。在职也好，离退休也罢，都要为实现共产主义和人民的彻底解放而奋斗。"沧老师是放牛娃出身，我也是从山沟沟里走出来的，穿着草鞋踏进了湘大的三道拱门。沧老师等老一辈教师对我们的教育和影响都是非常深刻的、长久的，是他们在我们的灵魂深处点亮了理想信念的心灯，让我们脚前有灯、路上有光、眼前有亮，终身受益、终生难忘。我经历了不少岗位、不少地方，也面临过不少考验，但都一一坚定地走过来了，很关键的原因就是沧老师等湘大老一辈教师教导我们的理想信念始终没有动摇，始终没有改变！这是我人生最宝贵的精神财富！

"研究生是学会做研究的学生"

沧老师是我国著名的毛泽东思想研究专家，是我国第一批带毛泽东哲学思想硕士研究生的导师。他带的硕士研究生数量不多，但对其要求很严。我有幸成为沧老师的硕士研究生。他给我们上第一堂课、第一句话就教导我们："研究生是什么？研究生就是学会做研究的学生。你们从现在开始就要学会做研究，热爱做研究，终身致力于研究。"他给我们讲课都是针对一些重大理论和实际课题，用研究的方法教导我们怎么样查阅资料、遴选课题、研究问题、形成观点、写出文章。他反复教导我们，做研究要坚持以马克思主义为指导，理论和实际相结合，要讲真话、讲实话、讲自己的话、讲管用的话；对歪理邪说要敢于斗争；写东西不能东拼西凑、抄来抄去。我们写的文章他都一一认真修改、批注，并在课堂上详细讲解，让我们知其然还知其所以然。这种方式方法不仅精准、有效提高了我们的研究水平，而且直接、深刻地影响我们自己带研究生的方式方法。为了鼓励我们做研究写论文，沧老师建立了奖励制度，每发表一篇学术论文奖励 15 块钱。当时我们一个月的工资只有 40 多块钱，15 块钱一篇文章确实有很大吸引力，我们几位同学奋力写，有时候一个月发表几篇论文，沧老师都及时、开心地把奖金给了我们，有时还在会上非常高兴地表扬我们。那时沧老师是系主任，我们还以为这个奖励制度是系里定的，直到我们参加工作多年以后才知道，这都是沧老师私人掏的腰包。沧老师那时工资并不高，一个月只有 100 多块钱，真是天涯海角有尽处，只有师恩无穷期。沧老师教导我们终生致力于研究。2014 年，我去怀化工作前夕，沧老师笑呵呵地同我说："一定不能放松理论学习呀，特别是政治理论学习。要以理论的坚定来巩固理想信念的坚定，要用理论的清醒来指导实践的清醒，把理论和实践结合起来，不能搞假大空。""调查研究是领导干部的基本功，只调查不研究等于没调查，没调查去研究，研究不出名堂。”他还把自己写的《毛泽东方法学》一书再次送给我。在怀化工作的岁月里，我始终按照沧老师的教导，坚持白天跑讲干、晚上读想写，遇到重大实践难题，自觉主动学习习近平总书记有关重要指示批示精神，从中找方向、找方法、找智慧、找答案，及时校正偏差，尝到了研究的甜头，悟到了真理的力量。

“我是放牛娃出身的，捐这点钱是我的小小心意”

集邮是沧老师最大的业余爱好。2015 年他将积攒了 60 多年的邮票全部卖掉，将所得的 20 万元邮票款全部捐给湘大哲学系，资助家庭困难的优秀学生。而沧老师自己还住在湘大东坡村破旧的小房子里，没有一件像样的家具，家庭经济比较困难。几位弟子知道此事以后，私人凑足了 20 万元，专程送给沧老师。沧老师执意不收，反复说：“我是放牛娃出身的，捐这点钱是我的小小心意。”经过再三劝说，他才勉强收下，但没想到过了不久，他将这 20 万元又捐给了哲学系资助学生。几位弟子私人凑钱给他家里装了 3 台空调，他舍不得开，嫌电费太高了。这种师德风范、无疆大爱，深深感染着我们、教育着我们、激励着我们去厚德载物、奉献社会、服务人民。

“吏不畏我严而畏我廉，民不服我能而服我公。”公者千秋，私者一时。追忆沧老师廉洁奉公、公而忘私的高尚品德，我们更应以老师为榜样，牢记习近平总书记的教导，把自身廉作为自身硬的首要，坚持慎权慎独慎微，破除“心贼”，荡涤心底尘埃，做一个大写的人、高尚的人。

“有高枝可依，有甘泉可饮，看百凤来仪，今朝共唱齐天乐；学屠龙之技，学绣虎之能，喜群贤毕集，他日都成架海梁。”追忆沧老师，就情不自禁想起了羊春秋先生为湘大礼堂写的这副对联，就想起了姜书阁先生、羊春秋先生等老一辈湘大人……我真不知道用什么言语来表达对他们的深深崇敬。

沧老师，您真的走了吗？您虽然走了，但永远活着，在我们梦里，在我们心灵深处。您犹如一棵参天大树，矗立在我们广袤心田，枝繁叶茂、生机蓬勃。我们多想变成一只只勤奋的小鸟，在您身边飞来飞去，为您守望，为您歌唱！

（本文曾于2023年4月10日刊发于《人民之友》）

高山仰止，景行行止

——痛悼恩师沧南教授

◎ 廖小平*

2022 年 12 月 27 日，在沧南教授弟子微信群里，沧老师的女儿高玲玲突然发了一条消息，还附了一张沧老师躺在病床上的照片，说沧老师病重，现在湘潭市中心医院的 ICU 病房，并大致讲了一些病情。她说自己先于沧老师生病，现在还发着烧，可能是自己传染给沧老师的，很是自责。玲玲说本来不想在群里发这个信息，但自己和阿姨身体都不好，弟弟一直住在医院，最近也没来得及去看他，身疲心慌，太累了，因劳累，十几天了反复高烧。我知道，玲玲没有别的亲人，平时和我们这些学生联系较多，只能通过向沧老师弟子们倾诉来释放一下内心的压力。我看着玲玲的信息，听着她的语音，想象着沧老师的境况，自己又帮不上什么忙，内心甚是焦急。

根据玲玲的描述，我们弟子知道沧老师病情不乐观，于是你一言我一语，心急火燎，有建议赶快看中医开中药试试的，有请

---

* 廖小平，系中南林业科技大学原校长，师从沧南教授。

玲玲自己多保重的，好多学生还为沧老师到处求药，更多的是为沧老师祈祷，祈祷沧老师能闯过这一关……过了几天，沧老师的病情仍然没有好转，我突然产生了一种不祥的预感，这种预感使我无论如何也不能等待了！于是我在 2023 年 1 月 6 号下午赶往湘潭市中心医院。

我到医院看望沧老师时，他体温已超过 39°C，而且在不断攀升，我多次大声呼唤“沧老师”，他已没有任何反应。看着没有意识、呼吸急促的他，我内心一阵酸楚！医生对玲玲说：恐怕过不了今晚。我泪水夺眶而出！

我刚回到家，玲玲就给我发来了微信语音，悲泣地告诉我，沧老师于 17 时 54 分与世长辞了！我们敬爱的、一生不服输、生命意志强大的沧南教授，在与病魔进行了一场跨年搏斗之后，走完了百年人生，走到了生命的尽头！

本来学生们还在准备着半年后为他庆百岁寿诞呢！从他 70 岁开始学生们就张罗为他庆生，他总是拒绝，说到百岁时就一定做生日，当拗不过学生时，他甚至威胁说要离开湘潭躲起来！因为他的执拗，居然没有做过一次像样的生日！

沧老师的音容笑貌在我脑海里往复闪现。这几天我们 1979 级哲学班同学为纪念毕业 40 周年在写纪念文章。玲玲告诉我们沧老师病重住院时，我正在写纪念文章，写的内容就有很多我与沧老师的往事。这是不是冥冥之中的巧合？同学们的纪念文章打算出版，关于沧老师的一些感人故事，我在 2022 届毕业典礼致辞中正好有过讲述，这里就不重复了，顺便附在文后。在此，我再补充我所了解的沧老师学术、育才和为人点滴，以表对沧老师的怀念！

20 世纪 70 年代末，湘潭大学沧南和汪澍白是国内毛泽东思想研究的主要开创者。2004 年，湘潭大学毛泽东思想研究中心入选教育部人文社科重点研究基地。之后，以毛泽东思想研究为特色的马克思主义理论学科入选国家重点学科，且在第五轮学科评估中获得重大突破。沧老师已是近百岁的老人，但仍笔耕不辍，每年都要撰写毛泽东思想研究相关论文，最后一篇论文是发表在 2022 年第 5 期“毛泽东思想研究”杂志上。他提出和构建的“毛泽东方法学”是毛泽东哲学思想研究的标志性成果之一。可以说，沧老师为毛泽东思想研究和湘潭大学马克思主义理论学科建设倾注了毕生心血，贡献卓著！

听沧老师的课和学术报告，一个最大的感受和收获，就是沧老师把自己的观点看得比自己的生命还重要，所以可以用生命来捍卫自己的观点。比如，当时哲学界对认识论究竟是反映论还是选择论，争论激烈。沧老师将这一争论引入毛泽东哲学思想的研究中，提出并坚决捍卫毛泽东的主观能动性思想，并在各种场合富有激情地进行阐释和论证，且其最大的特点不是空对空，而是紧密结合中国的实际。还如，他对马克思主义不仅真学真信，还真行，即心口一致、知行合一。他的心口一致、知行合一，不是只挂在“口头上”的心口一致、知行合一，而是身体力行的心口一致、知行合一。他以自己的理解和研究，认定谁讲的和搞的不是马克思主义，就会双眼圆睁。在我的所见所闻里，很难遇到沧老师这样的“行者”！我难以用文字来描绘他的坚定信仰，因为很难达到他那样的高度和境界。也许在一些人看来，他很迂腐、很顽固，但只要是真心实意，而不是虚头巴脑，更不是言善行恶，那就值得人们肃然生敬！

2016 年 3 月，70 年没打过针、吃过药、住过院的沧老师，住院了。我隔三岔五去看他，其间，我当了校长，当我告诉他我当了校长时，他尽管内心高兴，却平淡地说，“哦，我听说了”，接着对我说，“你要在学校大会上宣布，当校长期间不申请项目、不搞科研，一心一意当好校长。”我说“好好好。”为了避免作秀之嫌，也为了不使班子其他成员为难，我并未在大会上宣布，但除了上级委托和领导交办的项目和研究任务外，我任校长期间没有主动申请过项目。卸任校长前夕，我对沧老师说，您的要求我基本做到了，沧老师爽朗地笑了起来。

2020 年，沧老师因患黑色素瘤（一种恶性肿瘤）在湘潭住院，我和太太去医院看望，临别前，我说我们照个相吧。沧老师迅速地从抽屉里拿出好几枚纪念章，其中就有一枚是新中国成立 70 周年时，由中共中央、国务院、中央军委颁授给他的纪念章，他把纪念章挂在胸前，笑呵呵地与我们合影。没想到他还把纪念章随身带到了病房。

当时聊天时，为了减轻他的心理包袱，我安慰他说，我岳母也做了个大手术，很成功，对身体没有任何影响。过了几天，玲玲给我打电话，说“爸爸明天要到你学校来。”我问，“何事?”她说，“想看看你岳母。”我说，“千万别来。”她说，“劝不住，怕你拒绝，不准我告诉你，我之所以告诉你，就是明天到你学校时请注意接电话。”我真后悔说起我岳母的事：说者无心，听者有意。第二天，沧老师真的来了！我把沧老师从学校接到家里，我岳母感动不已。他还说周叶妈妈做了白内障手术，也要去看看。沧老师就是这么个重情不欠情的长者和君子！

嘘唏！不能再写了，就此作罢！

我在中南林业科技大学 2022 届毕业典礼上的致辞，专门讲到沧南教授的“大爱情怀”，现沧老师之身，说教育之法。现节录于后——

湘潭大学离休老教授、我的本科老师和硕士研究生导师沧南先生，过几天他老人家就要过99岁生日了！就让我叫他“老爷子”吧！老爷子小时候是个放牛娃，在战火纷飞、内忧外患的年代，过了9年的流浪生活，吃百家饭、穿百家衣长大，命运坎坷，历尽磨难，但他没有丝毫抱怨，而是一生都怀着一颗感恩的心。1993年，老爷子荣获“全国优秀教师”称号，1995年光荣离休。老爷子离休不离岗，迄今一直坚持为学生讲党课、做义务辅导员。40多年前，湘潭大学新建了一栋专家楼，老爷子却将分配给自己的新房让给了一位身患哮喘病的同事，至今住的还是40多年前90平方米的老房子，家具也是40多年前的老家具，满屋的书籍是室内唯一的亮点；几十年来一家人围坐在狭窄客厅的茶几上弯着腰吃饭，每天的菜品就是豆腐小菜；挂式空调还是20世纪90年代我们学生凑钱买的，但舍不得使用；一件棉袄穿了37年，拉链坏了用布带束腰；数十年如一日，长期用微薄工资资助贫困学生；至今还经常看书写论文，前不久还花了8天时间，用放大镜为一位他学生的学生的学生审读了20万字的博士论文，又花了一天时间为她讲问题所在，这位徒孙感动得除了热泪还是热泪……我想，老爷子的这些行为，已足够让人感动了！

但更令人感动的还在后头！老爷子唯一的爱好就是从1949年就开始的集邮，邮票是他的至爱之物。可谁也没想到的是，2014年9月，湘潭大学举行哲学系成立35周年庆祝会，作为老系主任的老爷子，颤颤巍巍地走上台，讲述着自己苦难的童年，以及从一名放牛娃成长为一名大学教授的心路历程，边讲边哭，感恩之心充盈天地。突然，他宣布，他将60多年所集邮票，已悉数变卖，所获20万元，全部作为奖学金资助贫困学生。我们当时在座的弟子，心里十分感动，也万分难受，当场离开会场，你2万我3万他4万地凑齐21万，其中20万补给老爷子所捐之款，1万孝敬老爷子过中秋节。老爷子在家里哭着坚决拒绝弟子们的好意，在弟子们的坚持下才勉强收下。过了一个月，老爷子在夫人陪同下，来到长沙，要将20万元退还给我们，我们苦口婆心，坚决拒收。我们以为，老爷子该“死心”、安心了吧！可万万没想到的是，4年之后的2018年，老爷子以“湘大人”的名义，又将这20万元捐出，继续资助贫困学生！此时，老爷子因弟子的孝敬而几年不安的心才慢慢平静下来。接下来，还有连续让人意想不到的事：2020年新冠疫情暴发，老爷子前后共捐出3万元抗疫；2022年4月，老爷子又捐出3万元给湘潭市社会福利院！

老爷子这样做，到底图个啥？这是一直萦绕在我脑海里的疑问，我也一直在追问答案！

老爷子很有钱吗？他说过，他有退休金，足够用了，因为他很知足。但在有钱人或者永不知足的人看来，他就是个穷光蛋！

老爷子不爱家人吗？老爷子几年前患有黑色素瘤；已退休的女儿2019年罹患乳腺癌，做了6次化疗、25次放疗；已退休的儿子患精神分裂症38年，2021年因幻觉坠楼摔断5根胸椎和腰椎，长期住院；老伴患有抑郁症和冠心病。我们弟子们都很清楚，老爷子和家人深深地爱着对方，没有几个家庭有老爷子的家庭这么和睦和谐。老爷子的女儿说，“老爸每一笔捐款，都得到了家人的全力支持！”

老爷子是为了名和利吗？他捐出去的本来就是利，所以自然不是为了利。那唯一的解释就是为了名了。不错，因为老爷子的感人事迹，95岁高龄的他荣获了2018年度“感动中国之感动湖南人物”，2019年荣获“第七届全国道德模范提名奖”，同年教育部下发《关于授予沧南同志“全国优秀教师”荣誉称号的决定》，并用整整3页纸叙述了老爷子的感人事迹。这是教育部专门为一位离休近30年的老教师做出的表彰决定，也是老爷子26年后第二次获此殊荣！所有这些，都是对老爷子的肯定和褒奖。但是，老爷子的所为，从无功利之心，从不为名利所动，从未想过要得到什么荣誉，恰恰相反，他极其反对精致的利己主义者！何况一位普通的百岁老人，早就对一切名利看得云淡风轻了！

我深知，老爷子的所为，一般人会觉得不可思议，但老爷子并没觉得有什么特别。以我对老爷子的了解，老爷子的所为，用一句话讲，就是：心里只有他人，唯独没有自己；用一个词说，就是：大爱。

沧老师是一位高尚的人、一位纯粹的人、一位信念坚定的人、一位把爱洒遍天下的人！

斯人已逝，精神长存！

愿恩师沧南教授一路走好！

为表示对沧老师的深切悼念，敬献挽联一副：

真学真懂真行真信仰，爱党爱国爱家爱他人。

（2023年1月）

沧海横流，英雄本色

——追忆沧南教授

◎ 刘建平*

2023 年 1 月 6 日 17 时 54 分，我们敬爱的沧南教授永远离开了我们，享年 99 岁，近百岁而去，今年就是他望百之年。

我心中悲痛，难受，没有想到疾病夺去了这位慈祥、伟大的教授的生命。

沧南教授是全国优秀教师、全国离退休干部先进个人、第七届全国道德模范提名奖获得者、湘潭大学毛泽东思想研究的开创者、拥有坚定信仰的优秀共产党员。追思他的一生，我们说不完，写不尽。

认识沧南教授是我在湘潭大学读书的时候，他那时就很有名，是哲学系系主任。我 1984 年大学毕业留校任教，在东坡村 4 栋和 8 栋的小花园见到他。他看到我和保卫处郑浩达处长在小花园栽竹子，心中很高兴，给我们表扬，说："你们干得好，美化校园环境。"那时他身体硬朗，精力充沛，声音洪亮，拿了一叠书刊，站

---

* 刘建平，湘潭大学教授，博士生导师，现任湘潭大学副校长。

在我们身边，对我们美化校园给予赞扬。现在这丛竹子还在那生长着，郁郁葱葱。

我当时在历史系任团总支书记，哲学系举办活动我们也参加，尤其是听学术报告，那时我也能见到他。

1991 年 11 月，我从校团委调到哲学系任党总支副书记，从事学生思想政治工作，每周二下午都要参加系里的教工会议，组织政治学习，他每次都来得准时。有一次在文科楼哲学系会议室，他坐在门口，天气有点冷，我说："沧教授，您坐这个位置有点冷，请到里边去坐。"他说："我不怕冷，我们要敢于坐在风口浪尖上。"这句话给我印象十分深刻。

沧南教授对学生很关心，我们请他给学生上党课，他都是现身说法，谈自己的入党动机，谈自己的入党经历，谈自己的成长过程。他说得最多的是全心全意为人民服务。他本身就是一个丰厚的人生故事。他长得高大帅气，1949 年曾在天安门阅兵当过标兵。我也多次听他讲党课、谈信仰。我还通过湖南省思想政治工作研究基地支持他出版《沧年往事》一书。

他为什么名叫沧南？他的原名叫高家贵，是安徽合肥人。当时他参加革命到解放区去，到河北沧州时，遇到敌人盘查，问他叫什么名字，他灵机一动，一想现在是沧州，自己又是南方人，因此随口说叫沧南。从此这个名字变成了他的现用名。

他是支援湘大建设的专家，最早在湘大设立毛泽东思想研究室，后来发展为教育部人文社科重点研究基地——湘潭大学毛泽东思想研究中心，他培养了一大批研究生，在全国多个行业发挥了重要作用。他主编了《毛泽东哲学思想》《毛泽东方法学》等著作，在全国非常知名。

他对湘大有深厚的感情。他是中国人民大学毕业的研究生，为支援武汉大学，到了那里任教。湘大复校，他积极响应号召支援湘大建设。当时湘大“只闻湘大之名，不见真实体，没有教室、没有图书馆，没有教职工宿舍”，教职工都住在周围农民家里，但他乐观对待，还帮助农民兄弟教育小孩，指导写作业，谁作业做得好，奖励糖果，让他们健康成长。

他真正在湘大扎下根了，并在《深深扎根于湘大》一文中作了深入的阐释。他概括出三感：一是自豪感；二是责任感；三是自尊感。我对他这几点十分认同。“要使别人尊重湘大，作为湘大人的我们，首先必须爱护湘大，尊重湘大，说得具体一些：一是绝不向别人低头弯腰说湘大不如其他学校；二是绝不容许别人歧视湘大，恶意贬低湘大。我们怀着自尊心，在湘大党政的领导下，团结一致，互相鼓励，互相帮助，不利于团结的话，绝对不说，有损湘大形象的事，绝对不做。”沧南教授几十年在湘大就是这样做的，为我们树立了光辉的典范，不巧的丰碑。

我在他的鼓励下，重视学生思想政治工作，重视学生世界观、人生观、价值观的形成。我后来从事红色旅游、红色文化的研究，也得到了他的肯定。他说：“要给学生正确的教育，系好人生第一粒扣子，湘潭大学是毛主席亲笔题名的大学，是毛主席嘱托一定要办好的大学，我们要讲好毛主席的故事，将他的人格风范教育后人。”在他的鼓励下，我参加了李佑新教授的“伟人智慧：大学生学习毛泽东”，现在是国家一流本科课程。我牵头讲述的“领袖智慧：大学生学习习近平”也成为智慧树平台 Top100 精品课程、湖南省精品课程。我努力挖掘校史文化，出版校史书籍，讲述毛主席与湘潭大学的故事，传承红色基因，都受到他的影响。

我主管宣传工作，带学生到他家求教，他都是以礼相待，给予指导，学生十分高兴，深受教益。他离休后，兼职关心下一代志愿服务工作10多年，做本科生辅导员，坚持给学生上党课400余场，用自己的人生经历、丰厚学识，播撒爱国爱党的种子，在学生中影响深远。他节衣缩食，勤俭节约，两次设立共40万元的“沧南奖学金”奖励寒门学子。他曾用自己的工资给彭国甫、颜佳华等研究生科研提供经费支持，鼓励有嘉。

2022年重阳节的时候，我陪省老科协的领导到他家拜访，他十分高兴，他说：“现在生活好了，湘大进入了双一流，我还想再活100年。”

我们敬爱的沧南教授真不想离开这个世界，我们也不希望他走进天堂。我曾对他说：“沧老，祝您长命百岁。”他有点不高兴，他说：“我只能活100岁吗?”我马上说：“您可以活126岁。”他高兴了，笑着说：“这还差不多!”他不想离开人世，他还想继续建设湘大，扎根湘大，培育人才。正如他文章所说：“我们永远不忘初心，牢记自豪感、责任感、自尊感，为湘大在‘双一流’建设高校的基础上前进发展，贡献我们的微薄之力”。

敬爱的沧南教授，您的一生奉献的不是微薄之力，而是为了湘大倾注了全部的心血，我们要永远敬爱您，您就是一位大写的教授，大写的全国优秀教师，大写的道德楷模，大写的优秀共产党员，大写的传播真理信仰的人。您永远活在我们心中。

沧南教授过世，我思虑很多，深切缅怀，写下此文深表心意。心香一烛祭沧老，写一挽联表达敬意。

沧海横流，英雄本色，参加革命，忠诚教育，人大武大湘大育桃李，桃李芬芳誉华夏，而今望百去。

南天一柱，师德楷模，教书育人，扎根中华，京师珞珈秀山铸春秋，春秋永驻满乾坤，盼迎百年来。

（2023 年 1 月）

爱人者，人恒爱之

——追忆沧南教授

◎ 张效雄*

敬爱的沧老师还是没有熬到 100 岁，他最终还是倒下了。

沧老师是我太太聂朝霞的老师。我们 1977 级考入湘潭大学的只有 360 人，加上后来补录的“走读生”，也不过 400 人。文科 7 个班，有时候在一起上大课，彼此大都认识。我也去听过沧老师的哲学课，因此我也是他的学生。

用沧老师自己的话说，他是一个放牛娃成长起来的老派知识分子，一生都在孜孜不倦地追求真理。湘潭大学恢复建校初期，他放弃优越的条件，从风景秀丽的武汉大学，来到连教学楼都没有的湘潭大学工作，是当时的政治系和后来哲学系的创始人，长期担任哲学系的系主任。他一辈子著书育人，成果丰硕，后半生几乎全是高光时刻：国内著名的哲学教授，两次获得“全国优秀教师”称号。真正是满门桃李，誉满天下。母校 60 周年校庆的时

---

* 张效雄，湖南日报社高级编辑、湖南日报报业集团原副总经理。曾多次采访过沧南教授。

候，时任省委书记的杜家毫特地去拜望他，高度赞扬他“扎根伟人故里”的奉献精神。他的经历就是湘潭大学精神的浓缩版。

沧老师是一个精神生活很富有的人。按照常规，他很早就可以分到教授楼居住，但他一次又一次地谢绝了，把机会让给他认为更需要的老师，一直蜗居在20世纪80年代分配的宿舍里。客厅很小，书房就是卧室，简直就是“清教徒式”的清贫生活。他退下工作岗位很早，工资并不是很高，却将自己的大部分积蓄捐给了哲学系，甚至还亲自到湘潭大学老干办将一笔又一笔钱款捐给贫困学生。

大学毕业以后，我们经常去拜见沧老师，每次都要带上他喜欢的巧克力，他品尝后总会流露出孩子般的快乐。在他那间狭小的客厅里，我们聊天或是请教问题。他高高的嗓门洪钟一般，笑语不断。一起聚餐时，他总要抢着买单，当然会被学生们婉拒。每次告别时，沧老师总要送出门外，在三楼那个单元的楼梯间笑着和我们告别。我们走下一楼，还会看到他在那里不停地挥手。这映像，一直定格在我们的脑海里。

近些年，我主编《湖湘新坐标·湘大学子行走芙蓉国文丛》，由湖南地图出版社出版。我和长沙校友会的江帅华同学几次前往沧老师的家中，请他为这套丛书写总序。沧老师欣然同意，字字句句考究，倾注了大量的心血。这套丛书目前已经出版两辑，第三辑已经编辑完成，先生九泉之下会感到欣慰吧。

有一件事，我至今仍觉得是无法弥补的遗憾。有一次我们去拜望沧老师，他言谈中提到已经完成一本《诗意中的毛泽东哲学》，并把书稿给我看了。厚厚的一大摞，凝集了老师多年的心血。这本书稿在出版社放了几年，因为涉及重大题材，需要层层报审。我回长沙后立马找到主管部门的负责人，又通过学术部门的专家联系了上级有关部门。沧老师听到我的汇报后，很高兴地称赞“小张有我自己年轻时办事的风格”。可惜这样的程序实在太繁杂，以至于今天尚未得到回复。我本以为沧老师可以在他的有生之年，看到自己的最后一部著作出版，然而天不假年，这是我欠沧老师一笔永远还不清的账，只能抱憾终身。

沧南教授走了，轻轻地，不带走任何一片云彩。但先生的精神风骨，永远是我们湘大人引以为自豪和骄傲的楷模。

沧南教授与我们同在。

（2023 年 1 月）

珞珈沧沧，师生情深

——忆沧南教授在武大哲学系培养青年教师的往事

◎ 曹仁杰*

沧南老师已经离开我们半年多了。痛定思痛，回首我们在珞珈山上的沧桑岁月，追忆恩师引领我们奋力拼搏，闯关成长的往事，历历在目，永铭于心。

沧南老师是1959年下半年，应李达校长（时兼哲学系主任）之邀，从中国人民大学哲学系来支援武大哲学系的。我是1956年响应“向科学进军”的号召，从中共长沙市委宣传部考进武大哲学系的，是武大哲学系重建后的首届学生。1959年我还没有毕业，就预分到哲学教研室，作为下派干部到武钢党委宣传部任干事，参加基层实际工作锻炼。我和沧南老师的第一次工作接触，就是向他汇报实际工作锻炼的收获体会。沧南老师听了觉得很新鲜，就安排我在教研室全体会议上汇报，得到了老师们的一致好评。这样，我一下子就融入了哲学教研室这个大家庭。

我1961年毕业留校任教，正式分配到哲学教研室后，沧南老

---

* 曹仁杰，中共湖北省委党校教授。师从李达教授，曾受学于沧南教授。

师便遵照李达、余志宏（哲学系副主任）的指示，安排我到李达创建的毛泽东思想研究室上班，参加拟议中的《马克思主义哲学大纲》的前期研究，兼任1961级哲学辅导员工作。沧南老师亲自主讲1961级的“辩证唯物主义”，我也跟班听他讲课，成了他的学生和助教。沧南老师讲课慷慨激昂，声音洪亮，语言简洁，条理清晰，极富感染力。我除了听课、答疑、组织讨论外，还在沧南老师的指导下，做一些学术问题的介绍。一个学期下来，我也积累了一些辅导工作经验，并在教研室会议上做了汇报。沧南老师还要我整理成文，向六十二周年校庆重点项目——全校教学经验交流会推荐。我在交流会上发言后，发言稿收入校庆纪念册，并在《新武大》校刊上发表。

一年后，沧南老师又根据系领导“给青年教师压担子，加速成长”的指示精神，安排我承担物理系和外语系两个课堂的“辩证唯物主义与历史唯物主义”的教学，连续通讲了两年四遍。为了帮助青年教师讲好课，他亲自组织试讲，个别教师一次通不过，就试讲两次。我因沧南老师对我的能力有所了解，免去了试讲这个环节。沧南老师和一些老教师，还无私地把自己的讲义借给我们参考借鉴，让我们博采众长，丰富教学内容。在沧南老师和老教师的关怀帮助下，不到两年功夫，我就基本闯过了教学关。

在科研写作上，沧南老师还给了我一些难得的机会和特殊的帮助。1964年3月，为了批判赫鲁晓夫的修正主义，中南局和省委宣传部在湖北省委党校举办了一个“读书会”。“读书会”由省委宣传部副部长密加凡和理论处处长彭展牵头，组织武汉大学、华中师范大学、湖北财经学院（中南财经政法大学前身）、中南民族学院（中南民族大学前身）等几所高校的文科教研室主任，集中学习讨论，集体撰写反修文章。哲学组由四校哲学教研室主任组成，沧南任组长。他特地把我带上，担任哲学组资料员。哲学组经反复研究，确定总的题目为“从叛徒的政治看叛徒的哲学”。下分五篇文章：《论明智》《揭露其实用主义市侩哲学》《揭露其诡辩手法》《批判矛盾融合论》《批判技术决定论》。我的主要任务是围绕这几个题目查阅、编写资料，供写作时参考。沧南老师采取民主集中的原则领导写作工作。例如，写《论明智》时，他首先发扬民主，组织大家讨论，明确文章的中心思想是批判赫鲁晓夫的“超阶级明智观”和“主观唯心主义的明智决定论”。然后，便组织五个人，包括我在内，各写一篇短文，再汇集成一篇集体的大块文章。我苦战了两个星期，总算完成了任务。沧南老师看后觉得还不错，他还说，向领导汇报时，领导第一句话就问“小曹写得怎么样?”我知道这是沧南老师对我的鼓励，但我还是感受到了胜利后的喜悦。我也知道，写文章本来不是我的任务，是沧南老师为了让我练笔，特地为我争取的一个机会。沧南老师还鼓励我说，像你这样锻炼个两三年，写作就可以过关了。可惜半年后，“读书会”就结束了。接着我又参加省委“四清”工作队，奔赴农村斗争的第一线。

回想六十七年前，我考进武大哲学系，在沧南老师的直接领导和诸多名家大师的言传身教和师德熏陶下，学习工作了十六个春秋，走过了我人生中精力最旺盛、思想最活跃的朝阳时期，圆了我的哲学梦，开启了我的马克思主义哲学人生，为我后来到省委党校长期从事党的干部理论教育和毛泽东方法论的研究，打下了坚实的基础。我感恩武大哲学系，感谢引领我走过十一个春秋的沧南老师。

调离武大后，几十年来，我和沧南老师天各一方，在不同的岗位上，干着同样的工作。我和沧南老师的最后一次会面，是2021年10月，我携夫人俞礼祥教授（武大哲学系1961级学生）回长沙参加“李达实验班”六十周年纪念筹备会，同筹备组成员一起，专程赴湘潭大学看望沧南老师。大家拥挤在他狭小的客厅里，我紧靠着他坐在一个陈旧的长沙发上，聆听他对筹备工作的指导意见。值得敬佩的是他年逾九旬，还笔耕不辍，当场答应赴长沙参加纪念会，并答应写一篇纪念论文在会上做主题报告。几个月后，他居然信守承诺，完成了一篇题为《李达也是一位革命家》的论文，并收入“李达实验班”六十周年纪念文集。临别时，他还扶着栏杆把我们送到楼下，并兴致勃勃地同我们合影留念。合影时，我看到外面风大，他没有戴帽子，我连忙把自己头

2017年8月，在北京香山饭店和沧南教授合影

上的新礼帽送给了他，并帮他戴到头上。并对他说，这是我女儿曹阳（武大经济学院1988级学生）为这次长沙之行送给我的。沧南老师很喜欢，我也很高兴。没有想到这次合影就是我们师生的最后一次合影，更没有想到，这次告别就是我们师生的永别！

我怀念珞珈风光，更怀念引领我在珞珈山上度过十一个春秋的恩师——沧南教授。沧南教授永远活在我们心中！

2021年10月21日，专程赴湘潭大学看望沧南教授时合影

致恩师

风雨珞珈师生情，
立业成家总关心。
笔耕不辍传真理，
再干十年立新功！
——2021 年 10 月 21 日为师生合影题照

（2023 年 7 月）

恩师沧南教授领我走上学术之路

◎ 罗 萍*

接到恩师沧南教授去世的噩耗，我悲痛万分，止不住的泪水往下流！沧老师，您老不是告诉我，您要活到108岁吗?！您怎么就不守信用呢！记得黄钊去世时，您老打电话安慰我，我感激不尽！我说，明年我一定回湘大看望您（我是想回湘大为沧老师庆百岁大寿)。您大声对我说，“罗萍，我会活到108岁。”您的声音是那么洪亮有力，我相信您定能实现这个愿望！正是有这种信念，当我在网上看到您老带上呼吸机的微信照片时，我还坚信您能挺过这一关。然而，您真的走了，您伟大的人格魅力、卓越的精神品格、坚定的共产主义信念、科学严谨的治学态度，是留给后人的一笔宝贵的精神财富，是我们学习的榜样！在此，特撰文以回顾我记忆中沧老师的点点滴滴，从中窥见恩师的人格魅力！

难忘的哲学启蒙老师

1961年9月我考入武汉大学哲学系学习。一个湖南农村女孩

* 罗萍，武汉大学教授，沧南教授首届研究生。

来到大武汉，新奇的事太多太多，目不暇接。还没有来得及适应城市生活，紧张的学习就开始了。是沧老师，给我们上“哲学原理”，即辩证唯物主义与历史唯物主义课程。沧老师用一个学期给我们讲授辩证唯物主义，每周 4 节课，外加一个晚自习的辅导答疑。我们讨论什么是哲学时，有一个同学说，他的父亲告诉他，“哲学就是折到学”，令全班同学哄堂大笑。沧老师给我们讲什么是哲学，什么是世界观。哲学、世界观对我们一个刚高中毕业的学生来说，太抽象了。他用许多事例给我们讲解，直到大多数同学搞懂哲学是什么。沧老师不厌其烦地讲解，语言简洁，声音洪亮，想不听都不行。我们班有一个爱打瞌睡的女同学，但是，上沧老师的课她没法打瞌睡，他的声音洪亮震耳，讲课是那样吸引人。沧老师的这种讲课特点在我上大学时就深深地影响着我，后来我上研究生又进一步受到他的陶冶和教诲。沧老师不仅是我的第一位哲学启蒙老师，也是领我在学海继续耕耘的恩师。

“爱生如子”的好师长

在武大 5 年学习期间，除第一年听沧老师授课外，此后就没再见到过老师。因为校园辽阔，老师和学生离得太远太远。沧老师是一个坚持原则，坚持党性，自觉利用课堂教学教育学生的好老师。他在我们班讲课时，曾结合哲学原理，指出要不断改造自己世界观时讲到，“共产党员更要在群众中起带头作用，加强思想修养，改造世界观，怎么能在书店拿书不交钱呢?!”我们班有一位调干同学，是共产党员，他在书店趁工作人员不注意，将书偷拿出书店被发现，受到党内批评。沧老师把这件事拿到课堂上不点名地教育学生。后来，这位党员同学成了“造反派头头”，硬是在我们班组织了一场“沧南批斗会”。但他很乐观，没有记恨学生。他真是一位坦坦荡荡的共产党员！

沧老师对学生倍加关爱，爱生如子。学生有困难，他倾力相助。我和黄钊就是受到他特别帮助的学生之一。我们1966年毕业，被留校一年，到1967年下半年，我们六年级的学生已进入第七年大学生活。年龄都大了，找好对象的同学都纷纷结婚了。看到都在结婚，黄钊着急了，他是一个孤儿，没有父母帮我们操办婚事。沧老师在我班授课时，黄钊担任学习委员，与沧老师有过不少接触。有一次黄钊在系办偶遇沧老师，沧老师见学生满脸焦虑，问他发生什么事，当他知道黄钊的困难时，主动说，把他家两室一厅的房子（当时他们的女儿10岁，儿子8岁），挤出一间作为我们的临时婚房（将孩子安排在他书房里）。那天，我们班还留在武大的同学都来了，挤了满满一屋子，沧老师亲自为我们主办了一个简单婚礼。这个恩情我俩终生难忘。说起沧老师对我们的特别关照还不止这些。当我研究生硕士论文答辩通过后，沧老师马上到湘大人事处找领导商量发函商调黄钊来湘大任教事宜。他对人事处领导说，罗萍是个女同志，已决定留校任教，她的爱人带两个孩子在边疆生活，研究生中应该首先解决她的配偶调动问题。他还特别强调说：黄钊是武汉大学哲学系1966年毕业的本科生（当时湘大有规定，调湘大任教的必须是重点大学1966年以前的毕业生）。湘大人事处发出了第一个商调一个毕业研究生配偶的商调函。我成为湘大留校研究生中最先调进配偶的那一个。沧老师同时也给我的另两位师兄说，你们两个是男同志，家都在本省，下一步再解决你们的家属问题。沧老师就是这样一位对学生倍加关爱的好老师，好长辈，一位“爱生如子”的好师长！

恩师领我走上学术之路

武大毕业后我们被分配到云南东川市（现昆明市东川区）二中任教，哲学专业知识基本用不上。那个时代消息很闭塞，一个偶然机会，我在1978年3月3日《光明日报》上看到一则招考首届社会科学研究生的消息，如获至宝。立马跑到当地文教局领报名表，但被要求必须持本单位介绍信才可领取。我马不停蹄跑回二中，找到校长和书记给我开具证明。经过耐心说明与等待，两天后我拿到了单位开具的证明。我查阅招考院校，由于我们有两个孩子，生活上、经济上都有困难，就想找一个离东川近的高校报考。首先我翻阅了云贵川三省的招生学校，都没有招考哲学专业的。这时我不得不转向老家湖南的高校，看到有个湘潭大学，那是我第一次知道湖南有一个湘潭大学，而且有哲学专业招考，导师：沧南。我十分惊讶，武大的沧南老师到湘大了吗？又觉得不可能，黄钊也觉得不可能，是同名同姓吧。我填报了湘大哲学专业。从3月10日报名到5月15日考试的两个多月时间里，我边教学边备考，每周6天我要给初中、高中12个班级讲授24节政治课（平均每天4节课）。只在国家规定的5月15至17的3天全国考研时间，学校贴出通知：罗萍老师授课的所有班级政治课停课，算是给我放的3天考研假。

填完报考表，我曾写过一封信给湘大的沧南老师。信的大意是，我报考了您的研究生。我在武大哲学系读本科时，有一位沧南老师教过我辩证唯物主义课程，给我留下深刻印象。不知您是否就是那位沧老师？如果是，学生我和黄钊向您问好！此后，一直没有收到回复。我心里认定，这是同名同姓的沧老师。初试过去很久了，我焦急地等待复试消息。那个时代，消息来源的唯一渠道是邮寄信件或电报。暑假的某一天下午，我接到一封来自湘潭大学的信，打开一看：罗萍，我就是你认识的沧南老师，你的信我早就收到了，为了避嫌我不能回信。现在已初步决定复试的名单，你可能有参加复试的机会（可能二字下打有着重号）。看了信，我很高兴，是我认识的沧老师，但不知道他为什么到了湘大。第二天下午，我接到东川邮电局的电话，说有我一封挂号信，必须本人来取。我飞跑到邮局，拿到的是湘潭大学的复试通知书。心中的一块石头落下了，我马上进入复试备考。8 月末（具体时期不记得了）到湘大复试，也是学校的暑假期，天气特别炎热。下午下了火车，在湘潭市内找了一个旅店住下，看复习资料至深夜。第二天早餐后乘 6 路公共汽车进到湘大。当时看到的是一片黄土建筑工地，有数座楼房。比我就读过的武汉大学真有天壤之别。但对于一个专业被荒废的我来说，如果来这里能用上哲学专业知识，那也是求之不得呀。我被安排到湘大招待所住下。这时我才知道，为什么通知书上说，接到复试的考生不得提前到校，原来所谓的招待所不过是临时腾出来的几间学生宿舍。第二天上午口试，下午笔试。复试结束，录取名单已决定，我被录取。这时，我去看望了沧老师。我汇报了我在中学教政治课的经历。我问沧老师，“我还是当年那个学生的样子吧?”沧老师说，“不，不，10 多年中学历练，那口才好多了!”我说，“那时，您教我们辩证唯物主义，期末考试是口试，全班您只给出了几个 5 分，我是其中一个。”沧老师说，“你已经不是当年的学生腔了。”我说，“我时时回忆起老师给我们讲课，您那洪亮声音与言简意赅的语言时时在我耳旁回响。”10 余年的中学教学生涯，也锻炼了自己的口才，因为中学生听政治课完全没有兴趣，我必须把一门枯燥的课程讲得让学生能坐得下，听得进，至少我要维持好课堂秩序呀！这的确很锻炼人的讲课艺术与口才。看望沧老师时我才知道，报考湘大哲学专业的考生共106人，经过初试复试最后录取了我们3人。

1978年10月我们正式入校学习，至1982年1月毕业，历时3年半。春季开学，我的搬家事宜还没有结束，就被安排给1981级哲学班讲授唯物辩证法，共50课时，并配有一位年轻助教。讲课反响良好，沧老师非常高兴！我学习了沧老师讲课的长处，又发扬了我在中学练就的讲课艺术。沧老师要求我，还要边教学边发表学术论文。我暗暗要求自己每年在学术刊物上发表3篇以上论文，基本上做到了。在湘大任教的近6年中，我在学术刊物上发表了17篇哲学论文，其中1篇被《新华文摘》全文转载，多篇在《哲学动态》《高等学校文科学报文摘》《文摘报》摘登，以及被《人大复印报刊资料》转载；出版著作《生活方式学概论》一书，沧老师为该书作序。1987年底我调离了湘大。那时我是很痛苦的，我多么想为培养了我的母校作贡献，而湘大的建设又需要本校培养的这批研究生！我虽然不得已离开了老师，离开了湘大，但感谢湘大，感谢沧老师的一颗赤诚的心是不变的！是湘大，是沧老师带我走上学术之路，才有了后来在武大的发展。虽然到武大有了更广阔的学术平台，有了更多的发展机遇，而我心中一直没忘记湘大，没有忘记沧老师对我人生的引领！是湘大给了我更高的学历，改变了我的命运，是沧老师领我走向学术人生！

今天，我回到湘大，回到母校，泪水伴着高兴，高兴的是看到母校今天的发展，泪水是因为我们失去了敬爱的沧老师！我仰望星空，寻觅老师的身影！您是那颗最亮的星星，给后人照亮前行的路！您是那颗最大的星星，给我们指引航程！您永远活在学生的心里，活在后人的心里！

沧南教授永垂不朽！

（2023 年 1 月）

借得大江千斛水，研为翰墨颂师恩

——怀念恩师沧南教授

◎ 郭景萍*

2023 年 1 月 6 日，敬爱的沧南教授离我们而去，临近“期颐之年”，本可以是百年老人，但却百年老去，令人唏嘘不已，悲痛的心情难以言表，只能写点文字表达对恩师的怀念。

见过沧老的人一定印象深刻，他的特点犹如湘潭大学地标建筑——三道拱门一样高大。如果“以貌取人”的话，沧老给人的特点是“三大三高”：一是脸盘大、个子高，为大国字脸，身材魁梧；二是嗓门大、音频高，声如洪钟，很远都能听见，当他的学生多年，不曾见有用麦克风的时候；三是气场大、定力高，到哪里自带光芒，精气十足，做事情雷厉风行，说一不二。

正如母亲都说自己的孩子好一样，学生都会强调自己的老师好。沧老的好是学生都说好。沧老是我一生中最敬仰的老师，他不仅在毛泽东思想研究方面的学术成就令人敬佩，人格魅力更是

---

* 郭景萍，广东财经大学社会学系教授，教育部第三届高等学校社会学学科教学指导委员会委员。师从沧南教授。

令人仰止，或者说是他的人格成就了事业。在学术方面，沧老倾其一生只做一件事，那就是对毛泽东思想的教学和研究，苦心孤诣，孜孜不倦。当时涉及毛泽东思想的研究话题比较敏感，学术界并不看好，也难以取得公认的成果，但沧老一本正经地追求真理，对毛泽东思想的研究突出一个“真”字：真诚信仰、真挚感情、真实反映，有点儿“左”，但又不矫枉过正，实事求是地呈现毛泽东思想的精华，一分为二地评价毛泽东，使得反对他的人也都不得不信服。在道义方面，沧老倾尽其所能资助贫困学生，帮助困难人群，淡泊名利，舍己奉献。沧老曾多次捐款，哪怕是自己喜爱之物也在所不惜。沧老的最大爱好是收集邮票，有一年我们去探望他老人家，投其所好，送了一本包括反映毛泽东生平的系列邮票，后来得知沧老将自己收集了 60 多年的邮票卖掉，把所得的 20 万元全部捐给哲学系，用以资助家庭经济困难学生，听闻此事我们也只有感动佩服。

我们夫妻俩与沧老的缘分始于 1977 年。沧老响应国家号召从武大来到湘大，成为湘大哲学系的创办人，成为 1977 级哲学班的启蒙老师。我们有幸成为沧老的湘大开门大学生。我大学毕业留校后又入门成为沧老的研究生。湘大十年，受益匪浅，奠定了我日后教学科研发展的基础。研究生毕业论文在《湘潭大学学报（哲学社会科学版）》的刊发开启了我的学术生涯。饮水思源，已经步入花甲之年的我，对导师的耳提面命、谆谆教诲犹如昨天一样记忆犹新，心存感恩。但离开湘大后越来越少地与导师联系。最后两次见面，一次是 2018 年 10 月，沧老南行到广州，相聚席间，沧老谈笑风生，40 多年前我们学生的种种都能记忆犹新。此时沧老虽然腿脚不太灵便，但精神矍铄、心思清明，一路走来，生怕给学生增添麻烦，还要执意将估算的费用给我们，包括车子的油费，使人觉得沧老有点孤傲甚至矫情，让学生产生很没有面子的感觉；但换一个角度看，沧老仍然遵循严于律己、慎以行师的原则，不愿在自己学生面前放弃师道尊严和行事准则。一次是2019年10月，我们1977级哲学班同学长沙聚会结束后，相约到湘大看望老师，但不巧的是，沧老正好在医院做手术，我们在湘大见了其他老师之后，又赶到医院看望沧老。他女儿告知我们，沧老得知我们要来，十分兴奋，坐立不安，好几次到楼道电梯门口等待我们，见到之后对到来的学生一个个亲切地直呼姓名，记得一清二楚；当我们离开时，沧老跟我们一一握手，一直送到电梯旁挥手道别。没承想到这是最后的见面，最后的道别！

沧老属性情中人，性格开朗直爽，为人坦荡，爱憎分明，难免也会得罪人，但老师是一个真诚的人，不是戴上面具的“铁头人”，即便是内心黑暗的人，也被他的通透阳光所照亮。沧老的一生并非顺利，家庭并非圆满，但老师从不怨天尤人或自怨自艾，始终以乐观的胸怀面对一切，开怀大笑是沧老的标配表情，这也许是沧老长寿的主要原因。沧老算得上无癖之人，不沾烟酒、不种花草、不玩棋牌，因此家中不会高朋满座；但他不是无趣之人，我们在校时，会带着学生到市里看电影，到野外踏青郊游，还喜欢打听学生的恋爱故事。沧老生活讲究，爱逛菜市场，做得一手好菜；衣着虽然朴素，但洁净挺括，鱼白色和青蓝色的确凉衬衣上身颇有风度。

沧老生前荣获多种荣誉：全国道德模范提名奖获得者、全国优秀教师（获评两次）、全国离退休干部先进个人、感动中国之感动人物，在种种光环光辉中的沧老虽然显得高大，但我们更熟悉的是那个与学生们朝夕相处、走路带风的沧老，是对我们大声喊着“丫头”的沧老。我们每次回到母校都能找得到沧老的住处，因为沧老从没有搬过家，一如沧老的音容笑貌永远定格在我们心中一样。“人近百年犹赤子”，说的就是我们可敬可爱的沧老啊！正在写此文时，昨日还是大晴天的广州突然下起了大雨，想到今后再也见不到沧老了，不由得悲不自禁，泪如雨下。

（2023 年 1 月）

星火燎原，爱生如子

——追忆沧南教授

◎ 李正明*

我是恢复高考第一届本科生。家庭要好好读书的教育冲抵了不少当时“读书无用论”的毒害，我顺利地考上了全国重点大学——湘潭大学。当时湘潭大学是全国首批 88 所重点大学之一。那时湖南全国重点大学只有四所：国防科技大学、湖南大学、中南矿冶学院（现在的中南大学）、湘潭大学。

湘大教师大多从全国多所高校抽调，干爸来自武汉大学。干爸是讲哲学的，他的课很受同学们欢迎。他上课我们都要提前去抢座位。那时候没有学分制，大家不是为了学分而去听课。哪个老师的课上得好，不管是不是自己的必修课，大多数学生都会去抢课听。记得我们还抢听了一些理工科老师的课。

走近干爸是因为一件偶然的事。我们学生宿舍是单向的，也就是出了宿舍门就是直接对外的走廊。有一天我趴在走廊栏杆上

* 李正明，上海理工大学教授，恢复高考后湘潭大学首届本科生，曾受学于沧南教授。

远眺，突然看到走向远方菜摊的干爸蹲在地上起不来了。我忙叫上宿舍里的阿隆等同学跑向他，原来是他的坐骨神经痛犯了，我们扶着干爸回到家里。那时候干爸的夫人（杨荣芳女士）仍在武大，我们便经常去看望干爸，他也把我们当自己的孩子一样关爱。后来他夫人也调来湘大，他家也就更像我们的家了。也不知怎的，沧老师夫人（干妈）特别喜欢我，经常叫我去家里玩。我又是一个不会讲客气的人，真把干爸家当自己家了。碰上锅炉房停电了什么的，没有开水打，我就从宿舍拿上自己和另外三人的开水瓶，跑到他家要开水，干爸亲自帮我烧开水，还把开水瓶都灌满，并满意地说：这下你们寝室有开水喝了（他知道我是寝室长，我们寝室住有三个专业的女生。恢复高考的时候，招生人数很少。我们这三个专业后来分属三个学院，相当于每个学院就招一个班。我们寝室的人亲如姐妹，真可以说是同甘共苦）。寒暑假了我会把箱子寄存到干爸家里（因为那时候比较穷，我们学校又没有围墙，经常有偷盗事件发生）。

那时候物质不丰富，人们口袋里的钱也不多。奶糖几乎都是奢侈品。记得干爸到外地出差，买了好吃的奶糖，会把奶糖放在保温杯里。我去了以后，他把奶糖拿出来，干妈就将奶糖分为三份，我们一人一份。

我心情不好时，干爸会在晚饭后约上我。湘大建在山上，教学、宿舍区后面有更高且几乎是光溜溜的山，晚饭后，那山成了人山，大家都在那散步。干爸带我走在人群中，用人生哲理开导我。

干爸的一些教导，对我终身有益。比如，人生抉择很重要，不能着急草率。就像居里夫人，假若她在当乡村教师的时候，草率结婚，就不可能成为居里夫人。

干爸爱生如子。他总是尽力帮助学生，却从来不要求学生为他做什么。我以他为榜样，从来不要学生为我干私事，比如带孩子、打扫工作室、跑报销。

我毕业时，干爸把李达（曾任湖南大学、武汉大学校长。他还担任中央人民政府政务院文化教育委员会副主任、第三届全国人民代表大会常务委员会委员、中国科学院哲学社会科学部委员、第一任中国哲学学会会长等职）签名送给他的书，转送给我了。我知道他是想让我多读些原著，好好做学问。

后来我结婚成家，当上了母亲。不巧的是干爸生病住院，只能是干妈一个人专程来我们家看望我们。

毕业后的前十几年我们在长沙工作，也曾多次回去看望干爸、干妈。每次进门，干爸总是亲切地说：闺女回来了。干妈就拉着我的手，总有说不完的话。因为干爸比干妈会做菜，每次都是干爸亲自下厨。干爸系着围裙乐呵忙碌的身影，现在总在我眼前晃动，今生我再也吃不到干爸做的菜了，……泪眼模糊，写不下去了。

擦干眼泪，平复情绪，继续写。

二十世纪九十年代后期，干妈不幸被一骑自行车的人撞得骨折，此后就得拄杖而行。我去看她时，干妈显得很虚弱。我还以为休养一段时间后身体会慢慢复原，于是不断安慰干妈，让干妈不要太难过。也许干妈怕我担心，没有将病情完全告诉我。我又是一个不很细心的人，真以为不会有什么大事。加之我们为了孩子考大学大量心思都放在与学校谈调回上海（先生是上海人）的事上。说实话，长沙铁道学院（现中南大学铁道学院）对我们不错，如果不是孩子高考的问题，我们是不会离开这个学校的。加之我父母祖祖辈辈都是长沙人，学校执意不放我们，我们也不好意思说绝情话。学校把我们从本科毕业生培养成具有博士学位和高级职称的教师（当时先生是教授，我是副教授），我们真是处于两难地位。时间就在这样的僵持中过去了。最终校领导总算给我们开了一点口子，我们立马往上海跑。工资是上海理工大学按我们的工龄和职称，“估摸”着给我们发的。因为调离的事情，那段时间异常忙碌，我们没顾上去跟干爸、干妈告别。谁知也就和干妈永别了，……眼泪又出来了，只好搁笔。

擦干眼泪，再写。

到上海后第一次去见干爸，是借着回湘大开全国学术研讨会的机会。我先给老爸打电话，很奇怪，干爸执意不让我去家里，坚持来我住的宾馆。老爸口才很好，那天却一反常态，吭吭哧哧的。搞了好一阵，我才算明白过来。原来老爸找了个伴（罗静女士），他知道我和干妈母女情深，害怕我接受不了。于是，我明确表态，干爸，您没有做对不起干妈的事。干妈已经走了，只要您幸福就好！干爸这才松了口气。

干爸是一个活到老学到老的人。九十岁以后还在著书立说。我至少收到过三本老爸九十岁以后出版的书，让我们夫妇深受鼓励，也颇感压力。干爸这么大年纪了还在笔耕不已，我们又有什么理由觉得自己可以万事休了呢？所以我们夫妇在延聘和返聘的这些年里仍然认真工作。每当我们把自己做的一些工作讲给干爸听时，干爸总是给予我们鼓励。干女婿评上了二级教授，干爸发自内心的那种高兴使我们深受感动，更深切地体会了什么叫园丁之乐。

干爸胸怀博大，且总是站在劳动人民的立场上说话。他总说自己原是一个放牛娃，而我生长在央企，下过乡，后回到央企当工人，所以我们父女很有共同语言。我们常通过电话讨论社会问题。

有时干爸想到要跟我讨论什么问题，而我刚好因为忙，那段时间没有打过去，干爸就会让他女儿跟我联系。

这一回干爸是想跟我探讨劳动价值问题。有人认为劳动不再创造价值了，创造价值的只有知识。

当然我和干爸都不认同这种观点（也许很多人不知道，干爸虽然是哲学教授，实际上是学经济学出身的）。首先价值的本质肯定是劳动。其次，知识活动也是一种劳动。再次，如果借此来否定体力劳动者对社会的贡献，那肯定是错误的。

我的父母都出生于民国初年。父母亲过世多年了。我内心真把干爸当做自己的父亲了。干爸也理解和认同我的这种情感。

2022 年 12 月，“（中国）消费经济学会 2022 年会——第二十五次全国消费经济理论与实践研讨会暨纪念尹世杰教授诞辰一百周年大会”在湘潭大学召开。11 月份时我把这个消息告诉了干爸的女儿（我称她为玲妹）。老人家听说我要去，高兴得不得了，后来我和老人家用玲妹的手机通话了五十多分钟，老人家对我们的欢迎，老人家对我们的关爱，老人家慈祥的声音如在耳旁。眼泪又出来了，暂停一下。

后来因为疫情防控，出行较为困难，没想到，我和干爸今生不能再见面了。泪流满面了，又没法写了。

愿天堂里没有病痛！

非常感谢大学室友朝霞和颜佳华教授（湘潭大学马克思主义

学院院长，也是二级教授；曾是干爸的硕士研究生）帮我们夫妇向干爸表达了最后一份心意。

（2023 年 1 月）

六字教诲　铭刻终生

——忆沧南老师一粟

◎ 吴其泰*

如果说人生如沧海，有很多瞬间，小而珍贵，那么，我们的老师沧南教授则如沧海纳川，不可斗量；又如沧海深邃，珠珠珍贵。

1964 年 9 月，我们来自全国八省市的三十一名高中毕业学子汇集武汉大学以后，第一课是在校内农场劳动两周，然后开始课堂学习。第一学期的主干课程有“马克思主义哲学原理”（简称“哲学原理”）“形式逻辑”“政治经济学”“俄语”等。沧老师是“哲学原理”的任课教师。至今我仍然清晰在目，第一堂“哲学原理”课是在南一教学楼 202 教室。沧老师一跨进教室，我们全班同学的目光就被他那身材伟岸、仪表堂堂的形象所吸引。他说话时语音浑厚，语速中等；授课时声音洪亮，中气十足。我们当时使用的课本是艾思奇的《辩证唯物主义与历史唯物主义》，沧

---

* 吴其泰，原广州军区政治部宣传部副部长，原中国农业银行武汉管理干部学院党委书记。师从沧南教授。

老师的讲授立于课本但不拘泥于课本，重点突出，深入浅出，将抽象的概念具体化，枯燥的原理通俗化，全班同学聚精会神，洗耳聆听。

课间休息时，我起身去擦黑板。刚刚拿起擦刷，沧老师问我："你叫什么名字?"我答："吴其泰。"他瞥了一眼放在讲台上的名册，说："是班长吧?"我答："是。"他稍稍停顿了一刹那，又问："你在高中时学过哲学没有?"我答："高中政治课中有'辩证唯物主义常识'几讲。"他紧接着问："读过其他的哲学书吗?"我答："读过毛主席的《矛盾论》《实践论》，艾思奇的这本书也读过，还读过苏联专家写的几本小册子。"他说："就是要多读书，勤思考。"

"多读书，勤思考。"这一句话、六个字，也许是沧老师在短暂的课间休息时间，不经意说出来的。但对我，却是刻骨铭心！这一句话、六个字，伴随我一生，教育我一生，鞭策我一生，滋养我一生。沧老师！今天，学生只想对您说一句话："谢谢您！"

（2018 年 11 月）

满园桃李忆沧南教授

◎ 汪苏华*

昨天（2018 年 11 月 10 日）见网上评选 2018 年度“感动中国之感动湖南人物”，得知沧南老师名列榜前，在兴奋激动之余，我忆起了当年恩师与我们在武汉大学的故事。

亦师亦友

1964 年，我在武汉大学哲学系读一年级，有位闺蜜叫付国英，她比我高一级。我们经常在一起打球、游泳、散步，有次我们走到教师宿舍附近，她说：“沧南老师住这儿，我们进去看看。”我说：“沧老师家可以去么?”她说：“沧老师对学生好着呢，他会拿出最好的东西。”我有点诚惶诚恐地跟着师姐前进，哇，进门后沧老师和他夫人热情接待，又是沏茶又是水果，我们两个又吃又喝。过了一会儿，沧老师捧出几册相簿，有他和夫人的生活照和工作照，我们看得兴高采烈，为老师的家庭幸福和事

---

* 汪苏华，武汉大学 1964 级学生、广州大学退休教师，曾受学于沧南教授。

业成功高兴异常。没想到又过了一会，老师隆重地捧出几大本集邮册，让我们一一观看，还特别介绍是怎么收藏的，最宝贵的是哪一张。我们才知道物以稀为贵，才知道所谓的“龙票”。看完后，我们准备告辞，没想到沧老师和他夫人留我们共进午餐，老师还说亲自下厨做拿手好菜。我和付国英听后受宠若惊，只见沧老师麻利地转身，系上围裙，说干就干。记得有红烧肉和武昌鱼，那是我们在武大吃过的最丰盛的午餐啦。

古人云：有朋自远方来，不亦乐乎？想想沧老师为接待两个学生，那么高兴和忙碌，不正是毫无架子，以礼相待，把学生当作朋友么！

保护学生

1966 年，我到武大行政大楼，只见一位男生头绑绷带，呆呆地坐着，他的母亲在旁边痛哭，说他的儿子是物理系学生，被人扎了十几枪，现在痴傻了，有生命危险。还听说最近学校里也不安全，吓得我立马与付国英商量怎么办。她说先把书和贵重物品藏起来，自己再回老家躲起来。我问：“东西藏哪儿?”她说：“当然是沧老师那里!”于是我俩将课本、笔记本和好点的衣服装进小木箱送到珞珈山上沧老师家里。老师安慰我们，要我们放心，叮嘱我们一路上注意安全。事后想来，为什么有危难就想到沧老师呢？我们觉得他身上有一种浩然之气，讲马克思主义哲学也好，平时说话办事待人接物也好，理直气壮，光明磊落且虚怀若谷。沧老师是我们的偶像，就像李铁梅唱的“做事要做这样的事，做人要做这样的人”。

遗憾的是，后来工作组进来后，哲学系遭受了毁灭性打击，沧老师被打成“黑帮”[①]。有一次，我和付国英在学校小操场旁边遇见沧老师，我们俩人齐声喊沧老师好，没想到老师显得特别紧张，侧过脸不看我们，双手在头前直摇晃，口中连连说：“不要喊我，我是‘黑帮’！”我们目瞪口呆，愣在那儿，只见老师立马从岔路离开了我们。后来我们想，老师怕连累我们，怕被人看见我们有什么活动。多好的老师呀，前些时，他保护了我们，可现在我们不能保护他！但我俩觉得好人总有好报，总有云开日出之时。

薪火传承

1970年前后，我们先后毕业离校了，在各自的工作岗位上，努力像沧老师那样，坚守马克思主义原则，不断向前。

付国英被分配到湖北老河口中学教政治，几年下来，她教的政治课，学生的成绩名列全地区首位，后被选拔为副市长候选人，但她不想当官，仍想教书，她想像沧老师那样，教出更多的学生。当时她征求我的意见，我说，“当副市长也好，你可承担一些任务，再争取新的成功，你是个女汉子，走路很快，做事有办法”。后来她当了老河口市的副市长，但对上级提出一个要求：自己不当花瓶做摆设，要有实力办实事，每年有经费一百万元。上级答应了她的要求，她分管的文教卫工作大有起色，市里脏乱差的环境大大改观，被评为卫生模范城，上了中央电视台。后来她还被推荐为副省长候选人，但因为身体原因，未能实现。

还有四年级的师姐罗萍，她考上了沧老师的研究生，毕业后到武大社会学系任教，她继承沧老师坚持真理和敢于创新的精神，

① “黑帮”一词主要指走资派，有时也泛指所有被打倒的“牛鬼蛇神”。

在全国开创了一门新的学科——“女性学”，受到学生和社会欢迎，罗萍师姐还出席了世界妇女代表大会，产生了国际影响。我的工作没有两位师姐那么出色，但也不忘老师的教诲和精神，坚信和传播马克思主义，关爱学生，忠诚党的教育事业，为祖国培养出优秀的接班人。要向老师汇报的是，我也有幸被评为广州市优秀教师。

（2018 年 11 月）

站在巨人的肩膀看世界

——记我的精神导师沧南教授

◎ 毛星芝*

“在革命之前，有一次我一个人坐在柴垛上，饿得不行了，这个时候忽然有一只手伸了过来，递给我一包酥糖。那个时候一包酥糖很值钱的！我当时吃下去，心里面就是甜啊！如果没有别人的帮助，我沧南也不会有今天啊！”2006 年 3 月 12 日，就读湘潭大学 2005 级公共事业管理专业的我参加学校第 42 期入党积极分子骨干班培训，这是 82 岁高龄的沧南教授在讲授党课时讲的，我的听课笔记记得密密麻麻。

2005 级公共事业管理班有一位来自西藏墨脱县的藏族学生，叫桑杰罗布。刚来湘大时，因不适应湖南生活，打起了“退堂鼓”，沧南教授就多次找桑杰罗布做思想工作。特别是每到节假日，沧南教授就担心藏族学生思念家乡和家人，一大早亲自下厨，做一桌丰盛可口的饭菜，再亲自给桑杰罗布和另一位藏族学生格桑扎西打电话，请到教授那老旧、狭小，却温馨、让人肃然起敬

* 毛星芝，现任湘潭市人民代表大会常务委员会法制工作委员会副主任。

的“家”。就餐期间，除了一个劲儿地给两位藏族学生夹他最拿手的“毛氏红烧肉”外，还不忘给他们灌输“精神食粮”。在沧南教授的思想熏陶和生活关心下，桑杰罗布不仅思想稳定了，学业也顺利完成了，在大四的时候还光荣地加入了中国共产党。“通过 4 年的频繁接触（上门蹭饭），我从沧南教授那里接触到了很多思想，从他身上感受最深的是一名老党员的高尚品格，感受到民族团结一家亲的温暖，让我立下志愿加入党组织，去报效祖国，旗帜鲜明地与各类分裂活动作斗争，坚决维护祖国统一和民族团结。”现在西藏墨脱县政法委工作的桑杰罗布回忆说。

2008 年 4 月 24 日，桑杰罗布与沧南教授在湘潭大学画眉潭合影

正是由于藏族同学桑杰罗布与沧南教授的结缘，在 2006 年 10 月 24 日，全班同学邀请沧南教授作为 2005 级公共事业管理班级的指导老师。沧南教授定期与我班同学举行座谈会，对我们进行思想上的指导。班级同学说：“这个‘红线’牵得好，真庆幸 2006 年的那次‘牵手’，有了沧老师思想的照耀，我们永远不孤单，也永远

不会害怕，大家手拉手，掌心的温度已经足够让我们相互取暖了。”

“大家谈到人生选择的问题。有一次我上了黑名单，后面有人追，前面又有封锁。我当时站在那个十字路口，走还是不走，自己也很难决定……现在很感谢共产党，把我引向了正确的方向……”2007 年 3 月 29 日，班级全体同学围绕“立志成材与人生信仰”主题与沧南教授、杨怀保进行座谈。沧南教授经历坎坷且阅历丰富，他的谈笑风生与旁征博引深深感触了同学们。沧南教授还鼓励大家学习杨怀保自强不息的精神，坐在沧南教授旁边的我在心里就下定决心，做一名自强不息的优秀大学生！一年半后，我凭借学习刻苦、勤工助学、社会实践、项目竞赛、学术科研的自强不息事迹，被团中央、全国学联授予 2008 年度“中国大学生自强之星”称号。正是沧南教授孜孜不倦、爱岗敬业的精神和杨怀保自强不息、孝老爱亲的事迹，让我深深感受到了他们的崇高党性和思想觉悟，也为我树立科学正确的世界观、人生观、价值观指明了前进的方向。

沧南教授与 2005 级公共事业管理班级同学开展座谈交流

2008年3月25日下午，沧南教授第三次与班级全体同学围绕“大学生全面发展”开展座谈。沧南教授语重心长地讲：“当代大学生应该是德智体劳美农全面发展。全面发展是相对的，而不是绝对的；马列主义绝对不能落下，大学生要有坚定的信念。”在提问环节中，大家都踊跃发言，现场气氛很热烈，提问涉及的领域很宽，包括如何正确对待唯物主义、唯心主义；怎样更好地接受马列主义；如何理解专业分配与全面发展等等，沧南教授都作出了具体合理的解释，博得了大家的阵阵掌声。在涉及大学生下基层的问题上，沧南教授鼓励大学生到基层，希望大学生把知识、技术传播到基层。时任班长的童勋海激动地说：“沧南教授对青年学生的关爱与身体力行、独特的人格魅力和纯正的党性对班内每位同学的人生价值导向都具有非常大的作用，对我们的殷切希望与嘱托让我们更加明白了自己的责任。”童勋海毕业后赴国家级贫困县平江县担任大学生村官，由于业绩突出，2010年11月荣获了“湖南省优秀大学生村官”，现在已经成长为乡镇党委书记。

沧南教授与2005级公共事业管理班级全体同学合影

在指导老师沧南教授的关心关爱下，我班在各方面都取得了较大成果：每年期末考试成绩都非常优异，绩点达 3．0 以上人数在院内名列前茅，大学英语四级考试过级率达 90%，六级过级率达 60%，班级 31 人中，有 16 人在毕业前加入了中国共产党，有 14 人保送或考取了研究生。目前班级有 17 人在机关事业单位工作，扎扎实实地为人民服务。2005 级公共事业管理班级先后被评为“湘潭大学先进班集体”“湘潭大学优秀团支部”“湘潭大学示范班集体”“湖南省先进班集体”。班级 31 名学生先后获得第 3 届“挑战杯”湖南省大学生创业计划竞赛金奖、湖南省第 8 届“挑战杯”大学生课外学术科技作品竞赛二等奖、2008 年度“中国大学生自强之星”、湖南省大中专学生暑期“三下乡”活动先进个人、湖南省第 7 届“挑战杯”大学生课外学术科技作品竞赛志愿服务先进个人、全国第 11 届“挑战杯”大学生课外学术科技作品竞赛三等奖等荣誉 162 项。

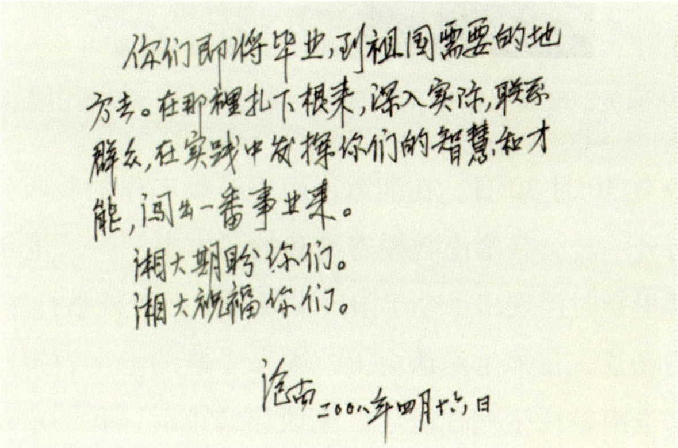
你们即将毕业，到祖国需要的地方去。在那里扎下根来，深入实际，联系群众，在实践中发挥你们的智慧和才能，闯出一番事业来。
湘大期盼你们。
湘大祝福你们。
沧南 二〇〇八年四月十六日

沧南教授深情寄语全体同学

在毕业的时候，沧南教授深情寄语全体同学：“你们即将毕业，到祖国需要的地方去。在那里扎下根来，深入实际，联系群众，在实践中发挥你们的智慧和才能，闯出一番事业来。湘大期盼你们，湘大祝福你们。”

2019 年国庆，班级毕业 10 周年聚会，班级代表到医院看望沧南老师

2019 年 10 月 30 日，在湘潭市纪委监委工作的我收到了一个快递。打开一看，是沧南教授寄给我的一本书——《沧年往事》，我的脑海里顿时浮现出了今年国庆班级同学回母校举行毕业 10 周年聚会的场景。在师生座谈会上，本来受邀的沧南教授却没有出席，原来沧南教授生病住院了。座谈会结束后，我、童勋海和班级辅导员聂淑亮简单吃了几口饭，就直奔医院。在医院住院部见到了沧南教授，老师依然是那么精神矍铄。几年未见，依旧是那么的热情，拉着我们的手问这问那，聊了近一个小时。临走时，

非要我们留下详细地址，要寄一本书给我们，并起身送到电梯门口。在回去的路上，我们的心情久久不能平静。

我们很庆幸：身边有这样一位学者，他既是哲学界的一位泰斗，也是一位培养管理大师的睿智园丁！有这样一位先辈，他把自己的一生贡献给湘大，也建立起湘大人屹立不倒的精神脊梁！有这样一位老人，在本应安享晚年的时刻，却不得空闲，承担起了教育下一代的伟大责任！牛顿曾经说，“如果我看得更远，那是因为我站在巨人的肩膀上”。当历史翻过新的一页，当湘大发展成为全国一流大学之时，当同学们在社会上打拼功成名就时，回首过去，我们会记住这样一位老人，因为他曾用肩膀将我们托起！

（2023 年 7 月）

赤子其人，信而有道

——沧南教授与湘大精神

◎ 何云波*

2022 年年末，自己正“阳”着，听说沧南教授被送医院了。沧南教授 99 岁了。曾有传闻，说一位校领导去看望他，祝他“长命百岁”，他还不高兴：难道我只能活百岁吗？

如果一切正常，沧南先生活过百岁，真的应该没什么问题。

然后祈祷：2023 年，一切安好！

1 月 6 日，却突然听说先生走了。湘大的朋友圈里，满屏都是“沉痛悼念沧南教授”的消息，还有各种纪念文章，从学校到省级、中央级媒体，也算是生也无悔，走也光荣了。

我虽也是湘大人，但从本科、硕士读书到后来回归湘大教书，一直无缘认识沧南教授，记忆中，甚至连一面之缘也难寻。据说沧南教授 71 岁离休后，还经常给党员干部、学生讲党课。沧南教授走了，我只是默默地关注各种消息，看追忆、悼念文章。

其实，沧南教授早已成了湘大的一个传说：全国优秀教师、

* 何云波，系湘潭大学文学与新闻学院二级教授，博士生导师。

全国道德模范提名奖获得者、感动中国之感动湖南人物……平时不断有各种媒体的报道，灼灼其华，虽不见却似早已熟悉，所谓熟悉的陌生人，是也。

热度过后，我却一直在想一个问题：沧南教授的精神品格中，最独特的是什么，与湘大精神有一种什么样的关系？或者说，在他身后，究竟能给湘大、给国人留下一些什么？

当然，看得见的，1977 年，他从武汉大学来到湘大，作为首任哲学系主任兼毛泽东哲学思想教研室主任，首开在哲学专业招收毛泽东思想研究生之先河，他创立的毛泽东哲学思想教研室，也为后来湘大获批教育部人文社科重点研究基地——毛泽东思想研究中心（当时也是湘大唯一的国家级研究基地）打下了良好的基础。在这过程中，他为湘大培养了一批优秀的人才，前有 1978 年考入湘大的首届研究生范贤超教授；后面我熟悉的，有后来成了湘大马克思主义学院院长的颜佳华教授，曾任中南林业科技大学校长的廖小平教授。

看不见的，就是精神的传承。人是需要有一点精神的，一个大学也是。有精神，就有风骨，有底气。

我写《湘大人与湘大精神》，说 20 世纪的湘大，“荒山起家，劳动建校”，也就造就了一种湘大精神：理想主义的追求，吃苦耐劳的品格，以校为家的情怀。

这精神，放在沧南教授身上，再合适不过。或者说，这个概括，就是从诸如沧南老师、我的导师张铁夫老师，还有许许多多那一代的湘大人身上提炼出来的。

2022 年，湘大教师工作部编了一本《扎根湘大这些年》，其中就有沧南教授写的《深深扎根于湘大》。他说他们这些老同志，都是湘大复校期间来的，距今已有40余年了。来时，筹划基建工作还未开始，只闻湘大之名，不见其实体。但是，他们仍然义无反顾地来了，而且是自觉自愿来的，是怀着对伟大领袖敬爱的心情、带着一颗一定要把湘潭大学办好的赤胆忠心而来的。

大约，这就是那一代人，刻在骨子里的一种理想主义情结吧！那时的教职员工都住在周围农民家里，近的一两公里，远的三四公里。一家老小挤在一间房子里，吃的、用的都要步行到市里买。特别是买煤，需要全家出动，男拖女推。先把大板车拖到火车站附近煤场，买上几百斤散煤再拖回来，来回30余里，男人肩膀痛，女人腰痛，几天也恢复不过来。但是，在他们心目中，只要把湘大办好，吃点苦、受点累，值得，有意义。

沧南教授把他对湘大的情怀概括为“三感”：自豪感、责任感、自尊感。他说：要使别人尊重湘大，作为湘大人的我们，首先必须爱护湘大，尊重湘大。

有爱，就愿意付出，心甘情愿、无怨无悔地付出。有一段时间，沧南教授的家人因为各种疾病，不断地住院，已近古稀之年的老人，奔波于医院与书房、讲台之间，其心力之劳可想而知，但他从未抱怨过。2014年9月，湘潭大学举行哲学系成立35周年庆祝会，老爷子将60多年所集心爱之邮票悉数变卖，所获20万元全部作为奖学金资助贫困学生。当时在座的弟子们过意不去，凑齐21万作为补偿。老爷子拒收无果，却无法心安，4年后，以“湘大人”的名义将这20万元捐出，继续资助贫困学生。2020年新冠疫情暴发，他前后共捐出3万元抗疫；2022年4月，又捐出3万元给湘潭市社会福利院。

而老爷子自己过的日子呢？廖小平兄在《痛悼恩师沧南教

授》一文中写道：

40 多年前，湘潭大学新建了一栋专家楼，老爷子却将分配给自己的新房让给了一位身患哮喘病的同事，至今住的还是 40 多年前 90 平方米的老房子，家具也是 40 多年前的老家具，满屋的书籍是室内唯一的亮点；几十年来一家人围坐在狭窄客厅的茶几上弯着腰吃饭，每天的菜品就是豆腐小菜；挂式空调还是 20 世纪 90 年代我们学生凑钱买的，但舍不得使用；一件棉袄穿了 37 年，拉链坏了用布带束腰；数十年如一日，长期用微薄工资资助贫困学生……

这在常人眼里，真是不可思议，难以理解。为名利吗？“利”是负数；名呢？“道德模范”“感动湖南”之类，是外界所加名头，绝非老爷子所图吧！如果非要解释，那就是“信”与“爱”。

沧南教授在很多场合谈到，他从一个放牛娃成长为光荣的人民教师的经历。他也一直以马克思主义为自己的坚定信仰，一生致力于毛泽东思想研究。除了大部头的著作，仅在《湘潭大学学报（哲学社会科学版）》就发表了学术论文 36 篇。易大东《诗挽沧南先生》曰：

一世尊崇唯马列，半生奉献作桥梁。
肯将心血滋桃李，甘把青春付妙章。

廖小平兄说，沧南老师对马克思主义不仅真学真信，还真行，即心口一致、知行合一，令人肃然生敬！在他眼里，沧老师是一位高尚的人、一位纯粹的人、一位信念坚定的人、一位把爱洒遍天下的人！

这信，是守“道”之“信”，爱是“大爱”。

而今，斯人已去，不亦痛哉。学弟曹辉撰挽联曰：

沧海横流，传道授业，博学笃行回归人民教师，三三生物；

南天擎柱，披肝沥胆，盛德日新铸就时代楷模，九九归真。

刘建平教授则挽曰：

沧海横流，英雄本色，参加革命，忠诚教育，人大武大湘大育桃李，桃李芬芳誉华夏，而今望百去；

南天一柱，师德楷模，教书育人，扎根中华，京师珞珈秀山铸春秋，春秋永驻满乾坤，盼迎百年来。

他们都不约而同地将沧南老师的人生、品行与湘大、湘大精神联系起来。一入三拱门，终身湘大人。师德楷模，教书育人，三三生物，盛德日新。一个人肉体生命可去，精神却可以长存。

一个大学，代表的也正是一种文明的接续、精神的传承。

（本文曾于 2023 年 1 月 16 日发表于腾讯网）

伟人故里大先生

——追忆师爷沧南教授

◎ 申永丰*

与师爷第一次见面，是1998年5月，在北山一阶梯教室听他的讲座，主题是“邓小平理论是在新的历史条件下对毛泽东思想的继承和发展”，师爷抑扬顿挫的声音，激情四射的手势，深邃有力的眼神，都给我留下了深刻的印象。2016年，我在湘潭大学出版社任副社长，因为出版《沧年往事》，我对师爷的事迹有了全面的了解。在党委宣传部工作期间，我多次陪同媒体记者采访师爷，越发感受到师爷的伟大。师爷是一辈子听党话、跟党走的典型，是不忘初心、牢记使命的典型，是扎根伟人故里、坚持立德树人的典型，是“活到老、学到老、改造到老、奉献到老”的典型。他用一生的韶华，信道传道，步履不停，生动诠释了对党无限忠诚、对人民无比热爱、对事业无私奉献的高尚品德。

真理“冷板凳”上的沧教授

师爷是湘潭大学毛泽东思想研究的开创者，他用一辈子时

---

* 申永丰，研究员，现任湘潭大学出版社党总支书记、社长。

间铸就钢钉，将“毛泽东思想”牢牢钉入心中。在长期的马克思主义中国化研究中，师爷注重哲学思想和方法论领域的问题，提出了毛泽东思想研究“论”的方法。离休后，坚持每天研读经典，每年发表论文，主编的《毛泽东方法学》被学界赞誉为“一个重要的成果”，同时培养了40余名毛泽东思想研究领域的专家。

一杯牛奶，一勺麦片，一个苹果，每天散完步吃完早餐后，师爷就径直坐到书桌前，查阅资料，思考问题，开始一天的工作。这位在马克思主义中国化研究领域潜心探索了几十年的老教授，依然像个初学者，一手捧着书本，一手拿着放大镜，日复一日，年复一年。

一把竹藤椅磨得发亮，一张有虫洞的小书桌堆满图书，这就是东坡村9栋3单元2楼师爷居室内景。竹藤椅上，桂花树旁，静坐桌前读书备课写作——这个定格40多年的场景，师爷自称为“坐真理的冷板凳”。在这斗室里，在这“冷板凳”上，他笔耕不辍，撰写了《马克思主义哲学中国化的趋势》《马克思主义中国化与中国实际马克思主义化》《关于群众路线的几个问题》等大量论著，先后主编《毛泽东方法学》《现代化视野中的毛泽东思想研究》等多部著作。近年来，他结合毛泽东思想研究，着重加强对习近平新时代中国特色社会主义思想的研究阐释，指导学生形成了一批富有价值的理论成果。

“移动讲台”上的沧老师

离休以来，师爷心系讲台，在校关工委兼职做了10余年志愿者。给学生上党课400余场，给本科生班级做辅导员，参加学生的读书会，指导学生党支部开展“心中有话对党说”“青春与祖国同行”“我与母校有个约定”等主题党日活动，用自己的亲身经历、真知灼见摆事实、讲道理，为学生传经送宝、释疑解惑，宣传马克思主义中国化的最新理论成果。2022 年 11 月 19 日，师爷惦记着与学生的约定，从医院赶回学校，给 140 名“00 后”大学生讲《信仰的力量》。天不遂人愿，这一画面，竟成永恒，40 多天后，师爷永远离开了我们！

“人一定要有信仰。共产党员的信仰，就是无论在什么时候、什么地点、什么情况下，都始终坚定地相信、自觉地践行马克思主义。”在逸夫楼的讲台上，在泽园的石凳上，在自家的客厅里，师爷向青年大学生娓娓道来。师爷常说，坚定马克思主义信仰，首先要笃信，其次要深学，然后要力行，最后还要有不怕牺牲、敢于斗争的精神。师爷上党课不说大道理，而是把自己摆进去，说心里话、大实话，自己是怎么样想和怎么做的，就怎么样讲。他讲看到一些老师买新房买小车，曾经心理不平衡而反思自己；看到个别人要当这个当那个，当不上就走人，他也吐露“想不通”：难道教授一定要当官吗？他的课堂给学生带来了一道道理想信念的精神大餐，在校园掀起了一次次学马列、信马列、用马列的热潮，成为湘大学子口口相传的经典记忆。

在这“移动讲台”上，师爷用坚定的理想信念、彻底的理论力量、深切的家国情怀，在学生心灵播撒信仰的种子。文花枝、杨怀保、邓榕、毛星芝、张旭等大批青年学生成长为全国道德模范、全国高校“百名研究生党员标兵”、中国大学生自强之星、中国大学生年度人物，被《光明日报》等媒体誉为“湘大模范群体”现象，他们，大多是听着沧老师的故事成长起来的。

学生心中最亲的“沧爷爷”

离休以来，师爷在各种场合认识了很多青年学生，通过面对面的交流、心连心的沟通，与100余名学子成了忘年交，他是学生心中最亲近的“沧爷爷”，学生是他心中最可爱的“小朋友”。

现在清华大学做博后的吴璇，本科期间因求教一篇论文而相识，跟着沧爷爷走上了学术研究道路，成为沧爷爷引以为傲的好孙女。沧爷爷不仅关心她的生活，更关注她的学习，指导她遴选书目、确定选题、撰写论文。如今，她已经成为小有名气的马列才女。

江苏海洋大学青年教师胡伟强，从山西到湘潭求学10年，受导师颜佳华教授影响而与爷爷结缘，成为爷爷家的常客。爷爷去世时，他无法赶到告别仪式现场，专门委托在场记者向爷爷鞠三躬，表达他无言的思念与哀伤。今年刚放暑假，他便携妻子回到母校，陪爷爷家人聊天，带师弟师妹到爷爷墓前祭奠。

师爷勤俭节约，生活清贫，一件羽绒服穿了30多年都舍不得换，却一心回馈社会。他在2015年和2018年共捐资40万元设立奖学金，奖励资助寒门学子。师爷说，之所以要尽己所能为学生提供帮助，是要以捐赠、资助学生的方式报答早年他人对自己的帮助，并激励学生更好成才。年轻时，他辗转各地求学，得到了不少老师、同学以及素不相识的热心人的帮助。这份恩情，他铭记在心。

因为求学期间得到师爷的关怀，许多学生都会将沧爷爷记在心上。每逢教师节、春节、生日等时间点，他的生活节奏都会改变，总会有学生来家里探望，时不时还要接听学生的问候电话。

这些时刻，与那些在场和不在场学生相处的点点滴滴，他都能一一列数；对那些在校与不在校学生的严格要求，他仍要反复强调。

在《沧年往事》一书中，已有62年党龄的师爷写道："共产党人只有一种人生观，没有离退休后的第二种人生观。在职也好，离退休也罢，都要为实现共产主义和人民的彻底解放而奋斗。"这就是一名永不褪色的信仰传播者的信仰，也是师爷用一生来践行的初心！

（2023年7月）

从“不打不相识”，到忘年之交

——我眼中的沧南教授

◎ 李伏清*

思想交锋初相识，治学交得忘年友

1月6日14时52分，我和沧老的女儿高玲玲老师联系，准备去中学接了我儿子曾昱文一起去医院探望爷爷。没承想我在开车路上，于17时57分接到了高老师肝肠寸断的微信语音，告诉我沧老与世长辞的消息。2023年1月6日17时54分，我们敬爱的、慈祥的、可爱可亲的老顽童似的沧老；我们吃得苦、霸得蛮、尽得心，完美呈现湘大精神的沧南前辈；我们信仰坚定、意志坚强、大爱无疆，心里始终装着党、装着国家、装着他人、装着家人而唯独时常忘记自己的全国道德模范提名奖获得者、两次获得全国优秀教师的道德楷模——沧南教授永远地离开了我们，永远地告别了这个他不舍离去的这个最好的时代，面带安详满足的笑容，走完了近百年的人生。

---

* 李伏清，教授，博士生导师。现任湘潭大学马克思主义学院党委副书记。

强忍悲伤送完老先生最后一程，心里久久不能平静，曾经温馨的一幕幕如电影般在眼前放映……

我和沧老相识于2005年，所谓“不打不相识”。从2001年到2005年，我在一边照顾患重病的二姐，一边完成学业的同时，于2002年提前考上湘潭大学马克思主义哲学专业的研究生。在研一时，依托本科毕业论文《重评孙中山的“突驾”说》完成了第一篇硕士论文，后来惊闻关于孙中山的这个主题只能算中国哲学方向的选题，不能算马克思主义哲学方向的选题，如果参加答辩会面临与培养方向不符合而不能毕业的风险。硕士生导师王向清老师急得团团转，考虑到我需要长期奔波于医院、学校，还需要兼职，立即将他当时正在进行的科研主题《冯契智慧说三篇》全部复印给我，看我能不能选题做个马哲方向的学位论文。2004年5月，我完成我的第二篇硕士论文《论冯契对人的本质的新见解》，把手稿交给了导师初审。王老师觉得有点小惊喜，觉得行文逻辑思路清晰，观点明确，并且提了一些新见解。于是王老师建议我把文章主体拆成两到三篇文章输入电脑整理成文档给他。在导师王老师的用心指导下，我重点整理了两篇，一篇是《冯契对人的本质的新见解》，一篇是《冯契对马克思人的本质理论的继承和发展》，前篇发在了《哲学研究》2004年第12期，后篇发在《湖湘论坛》2004年第06期。关于论文的发表，背后还有好多故事，这里不多说。

2005年开学不久，突然传来了一个让我惊恐万分的消息，说沧老在《哲学研究》看到了我和王老师合作的文章，勃然大怒，说我是一派胡言，不读懂马克思主义就肆意论断。我消息还没听完，已经吓得泪水直流，马上紧急向导师求助。在王老师的周旋下，很快平息了沧老的怒火，沧老也由此了解这“一派胡言”的后生背后的艰辛故事。再次相见时，从当初的斥责状态反转到满满的慈祥和关爱，在关心询问我二姐病情后，鼓励我克服困难，好好努力，并笑意盈盈给了我 11 个字的评价：“出自寒门，但不坠青云之志”。由此开始了沧老对我的关注，乃至到后面成就爷孙两人的一段忘年之交。这就是我的第一印象，学术上坚决维护他的学术立场，但论事不论人；生活中一根直肠子，从不藏着掖着，但真心实意。当然，我在接下来的时光里读得最多的是沧老对后学晚辈、对他人、对社会关爱有加的无私大爱和坚定如磐的信仰。

典范事迹励我行，亲笔书信慰我心

2008 年 8 月，我从华东师范大学博士毕业，追从沧老的脚步，回到了母校湘潭大学，从此有更多机会沐浴沧老的信仰之光，我奋斗前行的脚步也更加铿锵有力。我爱人工作于湘潭电视台（现湘潭市广播电视台）新闻频道，沧老所有的新闻事迹和各种专题片，我都能第一时间了解学习，从而浸润身心，感悟颇深。如 2015 年，沧老将自己收集了 60 多年的邮票卖掉，把所得的 20 万元全部捐给湘潭大学哲学系，用以资助家庭经济困难的学生。2018 年 9 月，他又以“湘大人”的名义捐出 20 万元，激励学生克服困难、努力学习，2020 年，前后共捐款 3 万元抗疫；2022 年 4 月，捐款 3 万元给福利院等。其中 2019 年的两件事对我影响尤其大。

在我看来，沧老是一个可亲、可信、可学、可敬的典型，是引领示范、立德树人的典范。2019 年 11 月 27 号，教育部发出教师〔2019〕9 号文件，授予湘潭大学离休教师、95 岁的沧南教授

“全国优秀教师”荣誉称号，号召全国广大教师向沧南同志学习。这已经是沧南教授第二次获得这项荣誉，第一次是在1993年，当时他是一名在职教师，离休24年再次获得这项荣誉，并且是教育部单独发出教师〔2019〕9号文件，这足以彰显这位“90后”的影响力。我爱人第一时间和我打来了跨洋电话（我于2018年12月至2020年1月在美国康涅狄格大学访学），就团队的新闻专栏和专题采访等工作和我进行交流，虽远隔重洋，我回顾沧老以往的点滴感人事迹，依然激动不已，沉浸在沧老坚定的马克思主义信仰和共产主义信念以及满满的大德大爱之中，进而萌生了我要讲好身边好故事，把思政课融入“生活”、走入“实践”，活化思政课教学素材的内容，在信息化时代用学生乐于接受的方式无缝对接思政课堂的强烈想法，开始酝酿《思政热点思与行：新闻观察》的设计思路。其中第一篇就是以《全国优秀教师沧南：信仰的力量》开篇的《典型引领》。编导冯珂、付杰，摄像楚威等团队成员在节目录制过程中纷纷表示高山仰止，唯有敬仰。我爱人特别跟我来电，说在采访过程中，特意为沧老准备了一张有扶手靠背的椅子，说爷爷特别亲和，整个录制过程中，神采奕奕，精神饱满。工作人员多次询问是否需要休息，沧老都表示不用。整个采访过程，直到颜佳华老师有了疲惫感，说中场抽支烟略微休息一下，沧老才稍作休息。沧老对工作的这种热情和饱满的精气神让在场的这些“80后”“90后”感叹不已，自愧不如。

另有一件事是关于推荐信。2019年12月，我突然接到学校通知要我准备长江学者奖励计划青年学者的申报材料。这让我有点无所适从，我和导师王老师直言自己信心不够、底气不足。王老师当时跟我说去和沧老商量商量，看沧老是否方便帮我写个推荐信。这事我是不太愿意也不太敢去开口的，主要觉得自己要成长的地方实在太多，尤其是在沧老这种道德楷模面前，更觉得自己要做的事情实在太多。没想到，在12月16日，王老师发来了沧老用湘潭大学毛泽东思想研究中心的信纸给我亲笔写的推荐信，还转达了要我大胆尝试，脚踏实地干工作的嘱咐。当时95岁高龄的沧老正忙于各级媒体的采访，有榜样进课堂的多场党课，非常忙碌，依然如此高效地给我写推荐信，让我深受感动，并告诫自己，在未来的工作中，务必循着沧老的步伐，脚踏实地又不忘仰望星空，坚定共产主义的信仰，做到心中有党、有国、有他人，坚持为人民服务的信念。这一工作准则在我2020年1月从美国回来后更好地落实到工作中。

亲手捐款援抗疫，如磐信仰泽苍生

2020年初，疫情肆虐。同年2月18日，湘潭大学96岁离休教授沧南向雨湖区慈善会捐赠2万元，希望能为疫情防控出一份力。沧老揣着银行卡和身份证，在女儿的陪同下缓缓走出家门，颤颤巍巍下楼梯，步履蹒跚地到银行取出2万元，交给雨湖区慈善会负责人的场景让我泪花点点。面对雨湖区慈善会负责人的连声道谢，沧老眼含热泪、满含深情地说道："我从一个放牛娃到一名人民教师，都是党培养的。面对当前的疫情，作为一个老党员，我应该拥护党的领导，和大家团结一致，走完抗疫的最后'一公里'。"这句话说到了在场人的心里，润泽肺腑。

当时我儿子正在吃饭，看到新闻视频时，放下手中的碗筷，动情地跟我和爱人提议，我们也像爷爷那样，给前线的医护人员捐点款、买点口罩。当我们反问他是否确定时，昱文说："虽然我去美国一年多忘记了系红领巾，但别忘了我也是一名光荣的少先队员。我要向沧南爷爷学习。”在沧老事迹和孩子的鼓励下，我们以特殊党费的形式捐款 1 万元给组织助力抗疫。了完这个心愿，3 月 2 日我又看到了《19 次拒绝，推不掉一位老党员的捐款》的新闻，原湘纺退休干部、有着 64 年党龄的周奶奶平时也是省吃俭用，却坚决要捐款抗疫。沧老和周奶奶眼含热泪捐款抗疫的镜头时时在我脑海里闪现，当时忙于网上录课的我突然灵感一现，停下工作，要为这些老共产党员的那眶热泪写点什么。我从他们颤颤巍巍的脚步、眼中含泪的朴实真诚、捐款决心的坚定中读到了铿锵有力的两个字“信仰”，信仰唯“真”，由心而发，率性而行，快速写作了《信仰》。写出文稿，我迫不及待来到沧老家中，希望得到沧老的斧正。沧老拿起放大镜，一个字一个字读着，读着读着像孩子一样哭起来，读完短短的文章哽咽了三四次。第一遍结束，沧老又开始了第二遍。我坐在一旁很忐忑，有点担心是不是能把沧老的想法表达到位，又有点担忧，是否触及让沧老伤感的敏感点。直到最后，沧老放下放大镜，颤抖着的手合着颤抖的声音进行点评：“伏清，写得很好，满满的正能量。只是我没有你写得那么好。”接着跟我一对一现场授课，这是我第一次零距离感受道德模范身上的信仰力量，同时更多了一份爷爷的和蔼可亲和可爱。回家路上我依然久久不能平静，产生了更大胆的想法，一是把《信仰》配音，向媒体推广，二是专门来做一个金微课就叫“信仰的力量”。说干就干，花了几个通宵，把金微课的脚本初稿写出来，从身边的好故事沧老等老共产党员的真实故事引出什么是信仰，我们为什么需要信仰，我们需要什么样的信仰，信仰在哪里等 4 个小问题。《信仰》的小文章也于 3 月 9 日在新湖南发表，3 月 13 日发表于搜狐号“专栏诗人”等，获 2020 年度“全国高校网络教育优秀作品推选展示活动网络文章类”二等奖。同时克服困难，“信仰的力量”于 5 月 8 日由学习强国推出，获 2021 年度全国高校思想政治工作“金微课”。这两个作品都因沧老而发，只为表达：朴实无华，真诚信仰！致敬无数平凡英雄，品读人民战“疫”中最朴实无华的信仰！光明网和全国思想政治工作网在 2022 年 8 月以《心中有爱、眼里有光——记湖南省首届最美思政课教师李伏清》为题做报道，而我要说，心中的爱、眼里的光，源头之一正在这位可爱、可亲、可敬的道德楷模。

在这之后，我们的交往越来越频繁，沧老对我的称谓也多了起来，有时叫我闺女、丫头，有时叫我伏清，有时又叫我伏清教授、伏清书记，也时常说跟我聊得来，是他的知己、朋友……高玲玲老师告诉我，一般见沧老都需要经过宣传部，但给我一个“特权”：根据沧老的作息时间表，我可以随时来访。有了这个便利，从一个月见一次，到半个月见一次，到后来是只要有时间，哪怕短短的十来分钟半个小时，我都会瞅准时间去和我的精神偶像兼知心朋友唠唠家常，沧老也时常会为我答疑解惑。当然，我们每次见面，我都会带不同的学生（包括本科生、硕士生和博士生）一起，为的是让沧老在和年轻人的对话中保持那份年轻的心态和活力，同时最大限度地让青年学生感受榜样的力量。2022 年 8 月，沧老住院回家后，视力急剧下降，有段时间没有办法再写东西了，运转的思想没有办法表达，沧老急切需要倾诉对象。我也听高玲玲老师说沧老情绪不是很稳定，经常会突然发脾气，我也越来越感受到了老人内心的孤独、寂寞和安全感的缺乏，他需要有能理解、能听得懂也能读得懂他的人。思虑再三，出于对沧老的健康和陪伴的考量，我们成立了“听百岁爷爷讲故事小分队”，定期去沧南爷爷家中听爷爷讲过去的故事，帮助爷爷把一些想法整理成文字，同时又安排马克思主义学院的星火学生宣讲团来讲好沧爷爷的故事，激励当代青年勇于担当，坚守初心。再到后来以提前搜集沧老想聊的主题，结合读原著、提问题、谈感想，爷爷进行答疑解惑讲故事等多种方式进行，每次一个半小时左右，小分队的队伍也迅速扩大。可惜的是，这个活动因为沧老 2022 年 11 月住院而不得不终止。

耄耋笔耕犹不辍，廉洁作风真楷模

2020 年 6 月 20 日，忙里偷闲，急急忙忙去拜访看望又有一段时间没见的沧老。让我很惊讶的是，老人家居然很正式地换了一件新短袖衬衣，下午五点半准时在等我，让我受宠若惊。精神矍铄的沧老，拉着我的手，唠起最近的新课题新思路，出乎意料的是，我们居然能高度默契，连词都能对上。作为青年教师的我，这些个想法能和老先生私下探讨过瘾很开心，好期待老先生的论文出来，也真心为沧老的敬业精神与反思习惯“点赞”！沧老对青年一代的殷殷嘱托和殷切期望是我们前进的无限动力！大大出乎我意料的是，当时已经 97 岁的沧老居然伏案成文。2021 年 3 月 21 日去看望沧老时，从卧室出来，一手拄着拐杖，一手高举一本翻开的杂志，先是问：“闺女，你猜猜这是什么？”我猜到是沧老有大作发表，但主题不确定。这次他像个开心的孩子，“闺女，文章终于发表出来了，喏”。我兴奋地迎过去，拥抱之后，接过期刊，天哪，那篇文章居然发表出来了，这对于几分钟只能写个把字的老人家来说，这是何等的艰难！我也因此对老人家的敬佩感又增添几分。当晚发朋友圈感慨：老人家97岁高龄还在不停思索著书立说，作为后辈的我们，又有什么理由不奋进呢！

另有一事让我印象特别深刻。有次我去探望沧老，闲聊我很想和团队一起，做一部属于湘潭大学的微电影，做一个关于毛泽东主题的系列纪录片，做和党史相关的线上线下虚拟仿真资源。我冒出的一个想法，沧老居然认真准备材料，如关于纪录片里希望我们能反映毛泽东坚持原则，为大家不为小家的家风和廉洁作风，为此，还继续我们之前的主题，跟我讨论什么叫信仰，信仰普遍地存在于每个共产党员的头脑里，但它在每个党员身上的表现却又各不相同。在徐特立身上表现为“三个第一”：革命第一，工作第一，他人第一。在吴玉章身上表现为“三个一贯”：一贯地有益于广大群众，一贯地有益于青年，一贯地有益于革命。在董必武身上表现为“三不许”：不许向地方要东西，更不许以我的名义在任何部门搞活动，不许接受礼物。在任弼时身上表现为“三怕”：一怕工作少，二怕用钱多，三怕麻烦人。在陈毅身上表现为“三不要”。陈毅在上海任市长时，父母来看他，后来两位老人回四川安家，他对陪送同志提出“三不要”：把两位老人直送我妹妹家，不要惊动省委；找普通民房住，不要向机关要房子；安家事宜自己解决，不要向国家伸手。在陶铸身上是通过“三不准”表现出来的。他在广东任省委书记时向市委、县委提出：一不准迎送，二不准请客，三不准送礼。当然还有新中国成立之初，周恩来曾专门召集家庭会议，定下过的“十条家规”。基于沧老对廉洁主题的强调，我们在与湘潭市广播电视台合作制作的《换了人间——毛泽东的家书故事》中有特别体现，于2021年5月录制的《听沧南爷爷讲党史故事》的节目中，也再次谈到了毛泽东对子女严格要求的家风。也正是基于沧老对我的影响，我们将微电影的主题确定为选择和传承，用沧老传承一本书作为主线来体现共产主义信仰代代相传、使命代代相承，最终成片《张雷的书店》，获全国大学生微电影展示二等奖，湖南省微电影竞赛特等奖。当然，也基于沧老对廉洁的强调，2022 年 5 月 11 日，马克思主义学院成功举办湘潭大学首届青年思享荟：青年文化论坛分论坛——“从古代到现代：廉”主题论坛，勉励青年学生要将廉思想贯彻到今后的学习工作当中。

良辰无算忆如昨，先生教诲续传说

当然，大家眼里的道德楷模在我的记忆里有更多可爱的一面。我每次工作中有什么成绩，如刘建平副校长带领的团队和教育部、中国人民大学党组成员同上一堂党史课的胜利完成，获了什么奖，如获湖南省思政课教学比赛一等奖、全国金微课一等奖、全国精品展播等，我都会找空档迫不及待和沧老分享。每次沧老都不忘给我大大的拥抱，大大的“点赞”和鼓励，有时还会特意换上他最喜欢的衣服甚至会穿上新衣服，打扮得帅帅的。而当我穿了稍微正式一点的衣服，或者有时为了接受采访或录课化了淡妆时，他会用俄语跟我说“Как идеально”（多么完美），然后补一句“Very beautiful”。在分别时，总是送到楼梯口，反复说各种语言的再见，从“досвидания”（再见）到“さようなら”（再见）。“90 后”的爷爷和我家“00 后”曾昱文小朋友一起玩孩子自己编程的小游戏，爷爷那种认真学习的劲和玩到开心处的爽朗笑声特别让人沉醉。如果我超过半个月没有看望，沧老就会念叨，而我也会开始挂念，这是一种心灵感应。如 2022 年的正月，我没有如往常般早早去看望爷爷，直到正月初八，沧老问起我，我才勉为其难告知我父亲初三早晨突然离世的消息。正月十五再去探望沧老，沧老及家人反过来不停安慰我，鼓励我一切向前，纵有不舍也要保重自己的身体。……这3年间，太多太多的感动，每次跟沧老告别时，一家人总是在我和孩子们的口袋里塞满牛奶和小零食之类。如当听到我和我儿子看望福利院小朋友，讲到几个小朋友的故事时，沧老几次执意要给福利院捐款，说昱文小朋友都懂得关爱他人，他作为爷爷更应该做好榜样。沧南真的说到做到，在女儿的陪同下，于2022年4月27日捐款3万元给湘潭市社会福利院。

沧老最可爱的还有关于买空调的事。我翻到了我2022年8月29日的日记：

> 下午近5点，突然接到高老师的电话，要我赶紧去沧老家一趟，说老爷子血压升好高啦。我快速给学生卸掉搬寝的行李，赶到沧老家。沧老颤颤巍巍站起来，硬塞给我一个大大的信封（由《新湘评论》的寄稿信封反面糊成的），上面用独特的沧体（老人家快一百岁了，眼睛不太清楚了，自称"半瞎子"老人，写出的字已经是"舞蹈体"了）写着"面呈马院李伏清老师"。沧老着急跟我表达自己是一个老党员，买空调必须自己出钱的意思。我还没等沧老说完，已经知道老爷子的想法啦，立即说，"如您所愿，我爽快接受空调钱，好不好?"我话还没说完，刚才还耍着性子的沧老，一下子像个孩子开心地笑了，说这才是懂他的闺女。我们移步到客厅，不经意就聊到7点多，听百岁老人讲各种各样的自己的故事，其中有关于一个僧人劝他当和尚的故事，这是第一次听到的，

也有谈我们乡里的各种生活故事……沧老白天的情绪都没了。

昨天晚上还和高老师联系，说很开心，吹着凉爽的空调，心情美美的，今天就有了这个插曲。回到家，展开颤抖的手写下的这封信，由衷地佩服沧老的这种老党员标准，既敬畏又有些自责，早知道会让老人家产生这种不舒服的心理，26号那天就应该直接接受空调钱啦。

事情是这样的。8月24日得知沧老住院，想去医院探望。高老师要我等爷爷出院后到家里探望。25日出院，还听说到家里觉得很开心，还是家里好。26日下午去看望爷爷，一进客厅，热浪袭来，到卧室看望爷爷，爷爷像受伤的孩子，带点委屈（当然不会少安慰的拥抱），说伤口又裂开了，出了好多血。一了解才知道，家里客厅空调坏了，不那么便利，晚上睡觉，可能是翻身，把原本拆了线的伤口崩破了。我一看伤口，这咋行，这么热的天，空调坏了，伤口感染了咋办。罗阿姨说找了师傅来修，前几天才加了氟利昂，还是不行。我听说空调还是沧老学生廖小平老师、范贤超老师等学生一起许多年前买的（有近30年的历史了）。我立即四处打电话，看是否马上安新空调。最后快速京东下单，跟后台联系解释需求，要求27日送货安装到位。京东果然如我所愿，27日快速处理到位。晚上就接到了高老师说吹新空调果然凉爽的信息，大家都如释重负，非常开心。昨天反馈，沧老也很开心，坐在客厅都不用回卧室了。我还暗自庆幸自己的果断，快速处理到位，结果就又有了今天的故事。这将成为我谨记在心的故事，但愿沧老在任何有需要的时候都能想到我！沧老身上散发出来的人格魅力，真的犹如港湾航灯的光芒，会给这个快节奏社会中无根浮躁的群体带来光亮，足够让人斩断尘世名利的纷扰，找到宁静的港湾歇息停泊，净化心灵，静化心境！我能常驻这个港湾，且常驻常新，此生之幸!!!“舞蹈体”背后凝结的是一个老共产党员最笃定的清廉底色，向最可爱的人致敬！祝沧老体明身健松柏劲，茶甘饭软竹菊神！

最美好的记忆要数2022年6月22日（农历五月二十四）给沧老祝寿。因为恰逢老两口结婚20周年，所以我和高老师准备给沧老一个惊喜，先是不告诉他我会去，同时我清早去精选了一束鲜花，直接到松涛山庄等。果然是给了爷爷惊喜，爷爷眉宇间笑开了花。席间爷爷特别开心，和范贤超老师一家、颜佳华老师一家等一起开心举杯（饮料代酒）言欢，还有感人肺腑的发言。当晚回家，随笔记上：

松涛祝沧老寿

祝寿瓷婚松涛贺，寿堂喜气盈兴意。
德高术高心境高，经师能师为人师。
宽厚仁弘钊日月，金乌玉兔乾坤一。
筵开锦绣歌白寿，期颐眉寿茶寿祎。
庄椿碧翠森郁茂，精神气象续德懿。

祝愿99岁的沧南，安康如意，幸福久久，福禄绵绵，桃李满天下，春晖遍四方！

19级党史本科生徐渟洋留言：沧桑岁痕生华发，南渡半百初心真！向可爱的沧老致敬！

遗憾的是，仅相差几个月，我们最终没有等来沧老的百岁生日……

2022 年 11 月，我得知沧老因身体不适又住院了，就立即赶到医院。没想到，沧老得知我会去看他，早早地穿戴整齐，端正地坐在床沿等我。一看到我，眼睛里有光，问我他今天的状态怎么样。我左右看看，点点头说，“嗯，不错。”这下沧老来精神啦，他说：“就是啊，我没什么病，大惊小怪。”然后当着他女儿的面表示自己最大的心愿就是再给同学们上两次课，要求学生越多越好。他说学生多，讲课才来劲。我和沧老及高玲玲老师确定心里有底、有把握后，立即和学校组织部胡阳副部长联系，询问是否还有学校党校的党课安排，得知党校已经结课后，我立即和各级领导汇报，着手安排了马克思主义学院团校的团课。周全安排后，11 月 19 日上午在南山一阶梯教室，99 岁高龄的沧南教授为湘潭大学马克思主义学院第 5 期团校培训班 140 名共青团员讲述“信仰的力量”。上课期间沧老依然思路清晰，精神饱满，勉励同学们在最好的时代，坚守信仰，努力学习，把党的事业继承下去。沧老还讲到“三个没想到”（多个场合曾提及）：“第一个没想到一个放牛娃，抗日战争中是个流浪学生，在党的培养下，成为一名人民教师；第二个没想到我能够活到 99 岁，这个根本没想到；第三个没想到日子越过越好越幸福，我真的再想再活 100 年。”当有学生提到某国外学者强调未来中国在世界上的影响力，问沧老怎么看时，沧老铿锵有力：“我当然赞同，举双手赞同。我相信我们的旗帜不仅在亚洲高高飘扬，也会在世界其他几大洲同样高高飘扬。”现场多次响起雷鸣般的掌声……只是我们也没有想到，这居然成了沧老真正的“最后一课”，成了老人家教师生涯的“绝唱”。而无数渴望的眼神，多么希望再一次看到那个信仰如磐的老人，多么希望再听沧老精神抖擞地为我们上一节课！

眼前的镜头还有很多，回忆过往，既是一种幸福，重温道德楷模和慈祥爷爷的教导和关爱，又是一种悲伤，因为这次不是再见，而是永别！沧老走过了近百年的沧桑，用他平凡而又不平凡的人生，书写了什么是真正的经师人师。在未来的人生路途中，我始终会铭记沧老的教诲和嘱咐，好好关爱学生、关爱家人，也不忘好好照顾自己，同时把工作当成自己生命的一部分，从中感受到幸福快乐，感受到自己的价值和意义。同时好好学习沧老绝对忠诚、爱党爱教的崇高品质，立德树人、无私奉献的师德风范，为党育人、为国育才的至诚情怀，服务学生、服务人民的品格风范。沧老并未远去，依然在我们身边，如一座光辉的信标永久屹立在我的世界，熠熠生辉！信仰之光，生生不息，爱的传递，永不停歇!!!

（2023 年 1 月）

本文作者李伏清与沧南教授

沉甸甸的乐观

——记我眼中的沧爷爷

◎ 吴 璇*

与沧爷爷初识是在大四的春天。那时的我住在北苑，每天清晨去自习的路上，总会遇到一位头发花白的耄耋老人，他拄着一根拐杖坚持散步。听同学讲，这就是毛泽东思想研究领域的著名专家——沧南老师。怀着敬仰的心情，我多少次想走近这位老人家，同他说说话，感受他朝阳映衬下闪光的人格魅力，但始终没有勇气。直到有一次，学院的老师听我讲起每天都会遇到沧爷爷，便让我向爷爷请教一篇名为《消遣的罪恶》的文章是否为毛泽东主席青年时所作。

那天，我早早地等在勤人坡下，脑海里一遍遍预演着见到沧爷爷时要说的话，生怕在这位德高望重的老者面前会不知所措。但见到沧爷爷的一瞬间，这种顾虑就被完全打消了，他平易近人得像是一位邻家的爷爷，在听完我的自我介绍和要请教的问题后，欣然答应好好研究后再给我答复。由于个人原因，我几天都没有经过

---

* 吴璇，清华大学博士后，湘潭大学马克思主义学院讲师。

勤人坡，以为沧爷爷要过很久才会答复。没有想到的是，他当天回去就认真研究了这篇文章，并用红笔作了详细的批注，文章字里行间满是圈圈点点。为了尽快把这篇文章交到我手上，爷爷通过学院找到了我，拿到写满沧爷爷批注的文档时，我深深被这位老者的治学精神所打动。从那时起，我便开始经常向沧爷爷请教问题，每次我都提前等在勤人坡下，然后陪着沧爷爷一起散步。

当我逐渐走近沧南老师，才发现他不仅是一位终身致力于毛泽东思想研究的老教授，还是一位有着传奇经历的不平凡的爷爷。非常幸运的是，沧爷爷愿意与我分享他一路走来的坎坷经历。于是，2015 年的暑假，每天早上 8 点我都会等在东坡村附近的石凳旁，听沧爷爷将往事娓娓道来。整整 17 天，沧爷爷一日未缺席，为我讲述了他是怎样从一个放牛娃、流浪学生成长为一名人民教师，怎样从一个进步青年成长为中共党员，每每讲到动情之处，我和沧爷爷的眼眶都会不禁湿润。沧爷爷说，人的一生遇到最大的困难，就是怕困难的心态。只要克服了这个困难，别的困难就容易攻克了。所以不管经历怎样的坎坷，沧爷爷始终没有放弃读书。他一次次鼓励我要用功学习，特别是学习、研究、弘扬毛泽东思想和毛泽东的精神风范、人格魅力，他说这是每一个湘大人不可推卸的责任。

正是有了沧爷爷的鼓励，我更加坚定了学习毛泽东思想的决心和信心，每次在研究中遇到问题，或是写了新的文章，我都会第一时间去听沧爷爷的意见，而他每次都会耐心地给予我指导，并在文稿上做大量的批注。虽然双手已经颤抖，但他仍坚持一笔一笔将对学术的热爱和对学生的关爱勾勒在纸上。每次拿到沧爷爷的批注稿，我的内心都会被深深触动。在本可以颐养天年的年龄，沧爷爷都选择在退休后仍默默地发挥余热，带着腿疾坚持给党校和院系学生们上党课，并以“湘大人”的名义在哲学系设立了奖学金和助学金，帮助成绩优异和家庭困难的学生完成学业。每次去拜访沧爷爷，他都会神情激昂地跟我讲起最近的研究主题，并针对当下的热点问题、前沿问题发表自己的观点。沧爷爷总说，当代不仅要学习毛泽东思想，关键是要付诸实践，在工作作风、生活作风、学习作风中实践毛泽东思想。正是有了许许多多像沧爷爷一样的老一辈湘大人，不论在多么艰苦的条件下都坚持保留毛泽东思想研究这门学科，矢志不渝地躬耕于毛泽东思想教学与科研的土壤上，才为我们打造了如此坚实的研究平台。吾辈唯有脚踏实地，发愤图强，才能不负前辈们的期望。

以前爷爷形容我们两个之间的关系就是忘年交。我跟他几乎是无话不谈，没有长辈和晚辈之间的隔阂。

我是这些学生中工作以后跟他来往最多的一个，当我遇到重大选择的时候，都会第一时间打电话给他，跟他讨教处理工作的方式方法。

沧爷爷教会我最深刻的道理就是，人的一生一定要坚持做好一件事情，干一行爱一行，你坚持什么梦想，就得为之努力；不注重金钱名利，实现自我价值，让自己对这个社会起到一定的作用。

他对我来说不仅仅是一个老师，也是一个长辈、一个和蔼可亲的爷爷，是精神上的信念，是一种坚持的勇气。

我懂他沉甸甸的乐观，激励我不断提升、进步！在我心里，他就是我的同辈朋友。

（2019 年 9 月）

往事荏苒，再忆之如春风拂面

——追忆沧南教授

◎ 李　婷[*]

东坡村9栋3单元，20世纪80年代的这栋建筑已经陈旧，但这里的许多人家都养着花，增添着几分雅致之意。往上走一节楼梯，右手边便是爷爷家，一扇锈红色的防盗门后一扇木门打开，一间狭小的客厅映入眼帘，客厅里只有80年代的简易沙发和座椅各一个，与沙发同样高度的玻璃茶几一个，茶几上的玻璃面早已磨花，但看得出来主人精心擦拭过，茶几旁边的过道只能容得一个人通过。沙发正对着另外有小凳子几把，柜台一个，客厅的悬挂式空调早已泛黄，开关已经坏了，不知何时有人将电线重新连接，装上的新零件裸露在外，空调开着的时候，扇叶早已不再上下摆动，新零件上绿色的小灯亮着。客厅东面一间上卧室，一间是书房，两间房贯通着，有时候爷爷明明是从书房进去，转身又从卧室出来。

书房采光不好，白天进去也是昏暗着，但借着光能看见书架

* 李婷，湘潭大学通信工程专业2018届毕业生，现为深圳大学传播学院研究生。

上的书，覆盖了满满一面墙，顺手拿起一本，或是《毛泽东选集》，或是《资本论》，简单的封面，泛黄的书页昭示着它厚重的历史感。爷爷家的卧室窗户朝向南边，采光好，于是自然地，窗前摆放了一张书桌，与大部分资深的学者一样，桌上堆满了书籍，三五摞书围成一个小天地，不论何时进来，这方小天地里还有一本摊开的书，上面压着两只放大镜，书的右边是一沓稿纸，上面有一只未合盖的笔，笔下是线条抖动但不失规整的字迹，老爷子当时已经 95 岁了，握笔手抖，但一直坚持写字写论文。他说："我的脑子一天不想问题就不舒服。"如今他又准备研究一个课题，时常翻阅资料，一年时间，已经写了 2 万多字的初稿了。

本文作者李婷与沧南教授合影

我与爷爷相识始于一次采访。那是 2017 年 3 月 18 日，我打电话约他采访，电话里他声音有力，吐字清晰。在我们的对话中，我发觉他耳朵灵敏，我无需加大声量或是重复表述，两分钟后，我顺利约好采访。翌日，爷爷由他的女儿搀扶着走过来，另一只手拄着拐杖，头发和眉毛花白。他精神很好，脸颊红润，看起来身体健朗，只是腿脚有疾。整个采访进行得十分顺利，我们着重问了他来湘大的具体事情，他耳聪目明，我们学生记者采访时与平常讲话音量一样，他丝毫不需要我们重复或者提高声音。当时看到老人家身体情况很好，我很开心，特别希望他能一直健健康康的。爷爷是马克思主义思想研究的泰斗级人物，我既敬佩又感恩，他平易近人、健谈，关怀我们。

我们聊了聊他来湘大的经过，说起他来之前在武大的艰难经历，他面色如常；说起他童年时期艰苦求学的经历，他不动声色；但一提到毛泽东思想研究，说起他对毛主席的情感，这位老人眼眶泛红，泫然欲泣。他说："我是一位老党员，是研究毛泽东思想的，正是受了毛主席感召，我来到这里，一待就是40多年。"刚来到这里的时候，学校一无所有，环境恶劣，但他这40多年里从来没有后悔过、遗憾过，这让我感受颇深，五味杂陈，至今记忆犹新。

再到5月的一个中午，我接到他的电话，原本以为他是要问我采访文章的发表情况，没想到他表示想让我看看他即将出版的书籍《沧年往事》的书稿，并在看完后给他提些建议，这让我受宠若惊：我算什么呀，沧爷爷居然来问我的意见。我向他表示对于书的极大兴趣，但自己才疏学浅，可能看完无法给出建议。他说没关系，至少可以帮他看看错别字和标点符号的运用，这样一说我放心了许多，于是约好第二天五点半在沁园见面。

老爷子向来守时，我不敢怠慢，在5点一刻出了门，我走过去只需要不到5分钟，可刚出了门走了两步便下起了雨，我忙撑起伞，并给爷爷打了电话，询问他是否带伞，以及是否要将见面地点改到他家，他说不用，让我前往便是。还未到达约定地点，我远远看到风雨中有一把伞在喷泉旁边，正是爷爷和他的女儿，当时我觉得十分心酸和内疚，也责怪自己为何不早些出门，竟让老人家在风雨中等我一个晚辈！

我连忙跟他道歉，他神色如故，“没关系，你又没迟到，走，丫头，我们吃米粉去”。我将书稿收好，沉甸甸的两沓A4纸，分两册装订。吃晚饭期间，我询问书籍的写作事宜。他说，是他将书稿写好，交由一位朋友帮忙打印的。我目测了一下书的分量，试图猜想他到底花了多长时间一字一句写成这么厚的书稿。那日晚餐是爷爷请的，我感到非常不好意思，但是盛情难却。现在我在写下这些话的时候，陡然发现，其实那只是我去他家蹭饭的一个小小的开始而已。

6月17日，我接到他的电话，他说第二天是他的生日，邀请我去松涛山庄吃饭。我很惊讶，我没有想到爷爷也这么愿意同我亲近。他老人家德高望重，是我敬仰的学者、教师，让我去他的宴席，我自然无比开心和激动。旋即又犯了难，不知送什么礼物好，于是我给他写了一封信，粗浅地谈了谈我看完《沧年往事》的感受，一并祝他生日快乐，身体健康。值得一提的是，《沧年往事》讲述了他从一个放牛娃、一个流浪青年成长到现在的故事。他说，他的一生见过彩虹霞光，也遭遇过风雨坎坷，彩虹霞光鼓励他勇往直前，奋发向上；风雨和坎坷坚定了他的信仰、信任和信心。他或许不知道的是，与爷爷的相遇和相处也成为我未来日子中的漫天霞光。

出版后他送了我一本，扉页上写着“婷婷惠存；沧南”，书里有一部分记录了他年少辗转各地，坚持求学的故事，每次读到那里，我都泪眼蒙眬，鼻尖一酸，想到自己在现代化的条件下却一直没有静下心来好好读书和钻研，又是一阵惭愧和自责，这种感觉在之后的考研和学习中常常驱动着我奋发向上，奋勇向前。

在他的生日宴席上，我发现除了自家亲人之外，有博士姐姐吴璇，有已经毕业好些年的学姐谌莎和她的老公，还有许多我之前未曾见过的人。在交谈中，我发现大家无一例外都与爷爷保持着良好的关系。谌莎姐姐已工作多年，但她最多时隔两月又会来看望爷爷。爷爷说，我、吴璇姐姐、谌莎姐姐以及谌莎姐姐老公四个人的年龄相加起来都比他小，我们开怀大笑，也愈发觉得这份情感更加珍贵。他又聊到好几个学生，那些在场的和不在场的，他一个个地数出来，那些学生以前怎么样，现在在哪里，做什么，家庭情况如何，他都记得很清楚。让我印象深刻的是我们在后来的相处中时常提到的建娥姐姐，她定居于青岛，较少回来，但是和爷爷经常通电话保持联系。后来，建娥姐姐和老公回到湖南领结婚证，我们总算得以相聚。爷爷说，建娥比以前瘦了，也黑了，嘱咐她在外地工作也一定要好好生活，于是，又出现了每次跟爷爷聚餐时必会出现的场景，我们会在爷爷的注视下吃下好多块扣肉和毛氏红烧肉，在学生中有句话是这么说的，跟爷爷聚餐，早餐不用吃，晚餐也可以省了。

从认识后，我就在爷爷那蹭了一次又一次饭，有时候是在家吃，有时候在松涛山庄。我记得有两次去他家吃饭的时候，他亲自下厨炖了一锅猪蹄，每次去他家吃饭，都是满满一茶儿的饭菜，炖猪蹄、面筋肉丸、扣肉、红烧肉、鱼等，十分丰盛。后来有一次突然去他家，正好碰上饭点，我瞧着茶几上的粗茶淡饭，才发觉老人家其实一直坚持着朴素的生活作风，就连有时候穿的裤子，也是有一个小补丁的，但是清洗得十分干净。

考研期间，他担心我压力大，时常关心我的情况，跟我说要劳逸结合，跟我聊天，让我放松心情，也给我打气。我考研的目标学校在北京，他有时候会说："丫头，等你去了北京，我又少一个朋友。"但是又跟我说，年轻人就是要力争上游，我无语凝噎，爷爷既希望我留在他身边，又希望我能在自己喜欢的领域一展身手，去自己喜欢的地方，做自己喜欢的事业。基于此，我往他家里跑得更勤了，我已全然将他当作我的亲人。4 岁那年我的亲爷爷去世，我对他的印象寥寥无几，可以说，沧爷爷给予了我深厚的祖孙情，圆了我一份被祖辈关爱的心愿。

爷爷每天 9 点多睡觉，早上 5 点就起床，这个作息规律他已经坚持几十年了。9 月，他晚上 10 点半给我打了一通电话，我诧异万分，问他为何迟迟不休息，他说他在想事情睡不着。原来他要在学校 60 周年校庆大会上发言，他正在琢磨发言稿呢，他给我打那通电话，目的是推敲其中一个字合适与否，商议完毕后，到了晚上 11 点，我又接到了他的电话，他说："明天你来我家，我念一遍新的发言稿给你听"。在这两通电话之前，我已经同他一起商量过发言稿的事情，一字一句讨论过。爷爷身体力行地让我知道了什么叫做认真和严谨，他认为这一点是为人师表的根本，而我却觉得在当下的环境中弥足珍贵。杜家毫书记看望过他后，他看到了新闻报道，同我说："我觉得省委书记的话把我抬得太高了，我感到十分惭愧，觉得自己做得还不够好，够不上他的称赞。”

他在2014年还与学生讲过党课，当时他91岁，腿脚不便，但是上课从不迟到，他说，他跟同学们在一起最高兴，他最喜欢的就是给学生讲课。我每次去他家，他都会跟我讲他的研究，也会听我讲我最近看了什么书，学了什么新知识。上次我跟他讲了传播学一个经典知识点“沉默的螺旋”理论，他听完，笑着说又学到一个新知识。

有一年教师节，我和璇璇姐姐一同送了一束花给他，他觉得太浪费钱，叫我以后不许买了，今年生日的时候，他打电话给我，让我去吃饭，挂了后，立马又打给了我：“婷婷，不许买东西来，听到了没有，我不要的。”我哭笑不得，老爷子真是严格。后来想起前不久省委常委、省委组织部部长王少群来看望过爷爷，我把当时的照片冲洗了出来送他，他特别开心，说这才是合他心意的礼物。之前帮他买了两块电池，花费8元他硬塞给了我10元，为他打印了3份文稿，共花费1.5元，他塞给了我5元，教师节那段时间我把另外的几张照片冲洗出来送给他，他又想给我钱，我连忙说这是给他的教师节礼物，他这才收下照片。

在我和爷爷的相处中，令我感怀的细节太多了。爷爷的经历和精神，这种湘大风骨和湘大情怀是激励我前行的巨大动力，当我对学习有所懈怠的时候，我常常想起他的少年时光，想起他一心向学，变着法子为自己创造学习条件、刻苦钻研的经历，我就会倍加珍惜现在的学习时光。与他的故事，是我求学时光最沉重也最宝贵的行囊，慢慢促进我更好地成长。

（2019年10月）

沧浪踏遍，南北求知

——“我们”追忆沧南教授

◎ 钟业天　曹　瑞　李子嫣　徐渟洋　刘静远　张　玺 *

生于寒门，矢志求学

1924 年 5 月（农历），沧南出生于安徽合肥一户贫农家庭，父母给他取名“高家贵”，寓意“家和富贵”。可麻绳偏挑细处断，厄运总找苦命人，在沧南四五岁时父亲去世了。母亲带着沧南和他的几个兄弟过着衣不蔽体、食不果腹的生活。母子们经常靠挖野菜充饥，有时甚至出去讨饭。在生活如此窘迫的情况下，母亲还总想让沧南多读点书，这为他今后坚持求学埋下了种子。

1939 年，15 岁的沧南不想再做放牛娃，他想摆脱困境，改变命运。想要出人头地，唯一的办法，就是念书。少年沧南非常珍惜来之不易的读书机会，在学校废寝忘食地学习，晚上经常点着

* 钟业天（湘潭大学 2021 级中国共产党历史本科班）；曹瑞（湘潭大学 2021 级中国共产党历史本科班）；李子嫣（湘潭大学 2020 级中国共产党历史本科班）；徐渟洋（湘潭大学 2019 级中国共产党历史本科班）；刘静远（湘潭大学 2020 级思想政治教育本科班）；张玺（湘潭大学 2020 级思想政治教育本科班）。指导老师：程成 李伏清。

蜡烛，借着摇摇颤颤的微光读书。一次，沧南像平常一样在夜里挑灯读书，疲惫的他失手打翻了蜡烛，火焰快速蔓延，被子被烧着了，几乎酿成火灾。所幸，火被及时扑灭。可也因为这次失误，沧南失去了在学校学习的机会。被学校开除后，失落的沧南却没有放弃读书，他把名字从“家贵”改成“志坚”，决定要以更坚定的意志继续求学。

抗战时期，有志青年心怀救国之愿，纷纷奔赴延安。失去学校和教育这一战场的国民党当局人才匮乏、活力欠缺，出台了这样一个政策：凡是沦陷区出身的学生，只要考上国立的中学、大学，一切费用免除。这对于家境贫寒的学生而言，无疑是诱人的。那时的沧南一心向学，他认为这正好能让他跨过求学路上的“金钱坎”，于是抓住机会，努力学习。他先是考上了芜湖芜关中学徽州分校，中学毕业后考上了国立东北大学（今东北大学前身）中文系。

尽管如此，沧南的求学之路依然曲折。1947 年年初，国立东北大学向学生发放通知书，提醒学生来校报道。由于通信不便，沧南收到通知时已晚。他立刻坐上最快的交通工具——火车前往沈阳，却还是比通知的报道时间晚了两天。沧南的注册学籍也因此被取消。这次经历给了沧南一次沉重的打击，但他依旧没有放弃。他选择回到北京，继续备考。同年，他考上了北平朝阳学院（中国人民大学前身之一）经济系。这一次，沧南终于如愿，在北京开始了他的大学生活。

投身革命，地下入团

沧南回忆，因为出身贫寒，所以自己对国民党统治下的政治腐败、社会黑暗深有感触，非常看不惯。一进入学校，他就积极参加学生运动，登台演讲、摇旗呐喊，传播新思想、新文化，呼吁大家奋发图强、振兴中华。在1947年下半年入学到1948年上半年的这段时间的学生运动，他从未缺席，且表现尤其显眼。这引起了当时在北平还处于地下状态的共青团的注意，团组织负责人找到他，与他谈话交流。

团组织负责人：“你上学期表现很好啊，反对蒋介石很好啊！但是你这一个人反对不行呢，你得参加组织。”

沧南：“你们是什么组织，反不反国民党？”

团组织负责人：“当然咯，共产主义青年团不反国民党反哪个咯。你有没有兴趣参加？”

沧南：“那肯定要参加！”

就这样，24岁的沧南按照要求向团组织上交了“自传”，随后加入了“地下”共青团，成了当时团组织中的一个“大龄”团员。

1948年8月，国民党当局在报纸上刊登了准备逮捕250名学生的消息，声称这些学生是“共军的学生”。这些学生来自不同大学，包括沧南所在的北平朝阳学院。军警和特务把学校团团围住，正在进行学生运动的沧南没有逃跑，而是准备与国民党抗争到底。他与十几个同学用课桌把学校大门顶住，严阵以待。然而他们忽视了后门的防守，特务和宪兵从后门进来，抓走很多学生。

抓人的消息很快便传到沧南这里。趁大部分敌人在后门抓人，沧南和其他学生打开大门，一拥而上，包围了前门的几个特务。旁边两个宪兵见状要逃跑，沧南拿起一块砖头就往前追，狠狠地向其中一个宪兵的脑袋上抡了过去。学生毕竟势单力薄，宪兵和特务最终逃走了。几天后，沧南也因为这件事，上了反动派特务的黑名单……

惊险转移路，终抵解放区

抓人事件结束后，学校各个大门都被宪兵把守，只准进不准出。发展沧南入团的同志找到他，告诉他情况危险，必须立刻转移。这位同志让沧南在拂晓之前翻墙逃出学校，在同学家暂住几天。之后会有一位“王先生”来找他，要沧南一切听从“王先生”安排。沧南按照指示，躲到同学家里看了几天书。几天后那位“王先生”到访，“王先生”把团组织准备的“北平居民证”和几百块钱路费交给沧南。

第二天沧南离开北平、到达天津，与联络站的同志取得了联系。联络站的同志为沧南买好了火车票。下车后是一条河，沿岸站着很多国民党士兵——他们到达了封锁线。“我当时很紧张，但是再紧张也不能表现出来。”他混在过河的队伍里，接受国民党士兵的检查。士兵问沧南到哪儿去，沧南说“到沧县”。“去沧县干什么!”“做点小本生意，卖点肉和小玩意儿。”沧南悄悄拿出一点路费，贿赂把关士兵。士兵收了钱很高兴，让沧南通过关口，上了对岸的船。

在国民党统治区的时候，青年们想唱的歌不能唱，想讲的话不能讲。下船后，大家看着周围一片祥和，以为到了解放区，于是放声高歌，有说有笑。“但是过了河也没到解放区，我们到的是夹在解放区和国统区之间的‘三不管’地带。据说这里常有国民党的散兵游勇抢劫过路行人，要是遇上了他们，被枪毙、活埋都有可能。”不过这一路还算安全愉快，沧南一行在天黑之前坐着大板车抵达了沧县。

他们很快联系上了在沧县的组织负责人。负责人安排沧南先到冀中解放区的华北大学（中国人民大学的前身之一）学习，再回到北平继续反国民党反动统治的学生运动。他将自己名字改为“沧南”。一是指沧县，这是他脱离国民党反动统治开始新生活的第一站；二是指自己是南方人。

勇毅克私心，清廉做公仆

沧南在冀中解放区不到半年，1949 年 1 月，平津战役胜利结束，北平和平解放。他所在的华北大学于当年 3 月开始，全校迁往北平，后合并为中国人民大学。

1950 年，沧南成为中国人民大学首批研究生。1952 年 7 月从人大经济系硕士毕业后分配到人大哲学教研室任教，开始了其教师生涯。自 1948 年成为团员后，沧南就向往能够加入中国共产党，特别是亲眼看到冀中解放区的党群关系融洽，群众真心热爱共产党，共产党人一心呵护群众，更坚定了沧南入党的意志和决心。在成为一名主讲马克思主义哲学的教师后，沧南主动联系党组织，提出入党要求。

1954 年暑假的一天，人大哲学教研室的党支部书记舒天巩找到沧南对他说：“沧南你来教研室后，多次写报告申请入党，积极向组织靠拢。支部安排组织委员范芒同志与你直接联系。今后你有什么意见和问题，可以直接同她谈。”沧南闻讯十分欣喜。次日下午沧南就找到范芒进行谈话。寒暄过后，范芒开门见山地说道：“今天，我想问你两个问题。首先是第一个问题：你为什么想入党？入党的动机是什么？必须实话实说，是怎样想的，就怎样说。”

沧南如实回答说：“我的入党动机主要有三点：其一，我是一名教马克思主义哲学的教师，而自己却不是共产党员，讲起课来总感觉理不直气不壮，为了把课讲好，我要求入党；其二，我于1948年入团，至今已有6年了。有些同志问我：‘入党没有？’我都不好意思说。6年了我还是个老团员，觉得很丢人，面子不好看；其三，万一当不了教员，如果是一个党员，工作也好安排些。”

随后范芒抬头看向沧南，提出了第二个问题：“参加中国共产党后，就意味着把自己交给了党，一切由党组织安排，而且要接受党的安排，你能做到吗？”

沧南坚定地回答：“我能做到！”

“能做到，就是三个字，说起来很容易，做起来就很难了。”范芒说到，“从你的入党动机来看，你要求入党，是为了把课讲好、是为了面子好看、是为了好安排工作，不是为了党的事业，不是为了建设共产主义社会，解放全人类，这是个人主义在入党动机上的典型表现，这是你把自己交给党的最大障碍。个人主义是万恶之源，不克服个人主义，即使你入了党，也会感到同党组织格格不入，有抵触心理。今后你必须根据马克思主义哲学的基本原理来改造自己的旧思想、旧观念、旧传统、旧习俗。”

作为入党介绍人的范芒对沧南要求很严格，看到他在教学方面有患得患失思想，在家庭方面有大男子主义思想，就严肃地对沧南提出批评。在看到沧南在有些问题上能克制自己的私心，就鼓励沧南。1956年6月，在通过了党组织近两年的严格考验后，沧南加入了中国共产党。

入党后，范芒仍然像过去一样关心沧南，经常对他说：

“现在你入党了，是一名中国共产党党员。今后不论在什么条件下，都要严于律己，分清公私。”

“在同志关系方面，不要斤斤计较一些小事，要注意大是大非问题。在家庭方面，要以平等态度对待妻子，要尊重她，不能、也不应该搞大男子主义。”

“要多做利党、利人、不利己的事……”

这句句嘱托一直激励沧南不断克服人生路上的种种艰难，为党和人民的事业奋斗一生。

一叶飘南北，湘大是吾根

从安徽到东北，从东北到北平，再到冀中解放区，沧南踏过长江、黄河、辽河的波涛浪涌，只为追寻他求知求学的梦想。他在读书学习中不断成长，在革命运动中不断历练，最终确立了自己为之坚守一生、奋斗一生的共产主义信仰。

湘潭大学复校之初，没有图书馆、没有教室、没有教职工宿舍、没有电灯、没有自来水，条件艰苦、师资匮乏。沧南响应国家的号召，从武汉来到湘潭支援湘潭大学建设。陋室虽陋，志向不改。沧南潜心学术，他于 1978 年提出建设毛泽东哲学思想教研室并招收毛泽东哲学思想专业研究生，奠定了湘潭大学毛泽东思想研究学科建设的基石。

“我为什么想研究毛泽东思想呢?”沧南解释道，“学习、研究、弘扬毛泽东思想和毛泽东的精神风范、人格魅力和继承湘大的红色血脉是每一个湘大人不可推卸的责任。”

对马克思主义和毛泽东思想的坚定信仰，是沧南在湘大建立毛泽东思想研究基地、近五十年如一日地向青年学子教授毛泽东思想的精神动力。在课堂上，他常常对学生讲：“湘大是在毛主席家乡办的大学，我来到这里感觉很自豪。树立对马克思主义、毛泽东思想的坚定信仰，不仅仅关系到你们青年人的前途和命运，更关系到我们社会主义祖国的前途和命运！我希望同学们回去以后多谈谈要信仰什么？要信仰马克思主义、毛泽东思想！这是我们的根本。我认为在建设中国特色社会主义的现在，必须坚持两个东西：一个是马克思主义，一个就是毛泽东讲的实事求是。这两样少掉任何一个，都不可能建设中国特色社会主义。因为马克思主义讲的是一般的原理，毛泽东讲的是实事求是，是理论联系实际的问题。这两个问题少了任何一个，都不能建设我们的社会主义祖国。”

在耄耋之年的沧南，依旧热心向青年学子讲授学好马克思主义哲学的重要性。他多次在给青年学生上党课时强调两个哲学问题。第一个问题是“认识论”问题，沧南讲道：“青年同志在学习中，一定要学习好认识论和辩证法，这和大家的日常工作学习息息相关。就是要根据客观事实、发展规律来进行工作。怎么去掌握这个规律呢？首先要认识它，只有认识了你才能知道它的发展趋势，然后才能更好地工作。同时要认识到，认识论就是辩证法，辩证法就是认识论。如毛泽东的《矛盾论》《实践论》，在我看来《矛盾论》讲的是辩证法的认识论；《实践论》讲的是认识论的辩证法。就是辩证法同认识论是一个东西。”

第二个问题是“历史唯物主义”问题。沧南这样讲述：“毛泽东讲得最多的就是为人民服务。怎么样更好地去为人民服务呢？我的理解就是这样的：辩证唯物主义，一定要掌握好辩证法和认识论；历史唯物主义，一定要认识到人民群众是历史发展的动力，人民群众是真正历史的创造者。解决了这个问题，那就会尊重人民、依靠人民、相信人民。”

在访谈最后回忆起自己的人生行迹，沧南动情地说：“我从北京到武汉，从武汉到湘潭，好像从城市上来讲是往下走了，而实际上我是落叶归根了。湘大对我来讲就是根。”

沧浪踏遍，南北求知，心驻湘大，落叶归根。

（2023 年 1 月）

难忘的最后一堂课

◎ 张雅轩*

2023 年 1 月 9 日，我打开了 2022 年 11 月 19 日存在手机中一段沧南教授为我们进行团课教学的录音，听着沧南教授苍老而十分有力的话语和周围同学们窸窸窣窣的翻书声音，我似乎又回到了南山一阶梯教室，回到了沧南教授坐在我们面前讲台上精彩授课的那个上午。

他爱青年，所以青春永驻

"年岁有加，并非垂老。理想丢弃，方堕暮年。"是什么催动着沧南教授托起病躯，笑容满面，神采飞扬地走进教室，教授我们课程一个小时有余？是什么让他年近百岁但仍乐于定期与同学们促膝长谈？是因为他的思想永远年轻，愿意以自己有活力的思想去靠近年轻的我们；是因为他有着一颗爱青年的心，愿意将毕

---

* 张雅轩，湘潭大学马克思主义学院 2022 级党史 2 班学生，曾面对面聆听沧南教授的"最后一堂课"。

生所学无私、尽数地教给我们。这是一种大美的人生文化，是生命奇迹的载歌，它似乎抹掉了我们80岁的年龄差，让沧南教授又回到了那段指点江山，激扬文字的青春岁月。在这个2022年，我们都是青年。

2022年11月19日，沧南教授于南山一阶给马克思主义学院学生上“最后一堂课”

沧南教授与马克思主义学院2022级新生——我们的故事

沧南教授从抗日战争走来，从新中国走来，从支援湘大教育，建立毛泽东哲学思想教研室中走来，幼稚青涩、玉树临风、风度翩翩、朝气蓬勃，年轻时候的他，我们新生后辈都没有见过，我们单只见到了经历了近百年风雨后，那个已经与世无争、和蔼慈祥，但是洞察熠熠、桃李天下的他。我们未曾看到过他经历的风雨，但我们见到过历经风雨后的他。我们是多么幸运，还是赶在了他最后一堂授课中与他相遇，听他给我们讲授百年智慧，强调“信仰”的力量。这是一场奇妙的相遇，98岁的他也留在了我们18岁的青春回忆里。

与沧南教授的相遇让我们十分惊喜，我记得我坐等开课，看见沧南教授的座签出现在讲桌时，甚至怀疑自己的眼睛，那个在我们各个老师口中、传说中的沧南教授，那个第一次团课放在屏幕上展示的人物，真的要出现在我们面前了吗？但这不是梦，伴随着同学们的掌声，他真的出现了，不仅出现了，还为我们讲课答疑接近两个小时。沧南教授一生热爱着他的教育事业，他条理清晰、激情满满地给我们授课，给我们讲述了他年少时加入中国共产党的故事，如何改了名字的故事……以一生的不忘初心，给我们举出了最生动的例子。

沧老思想继扬，全在我们青年

2023 年 1 月 6 日，沧南教授离开了我们，这个消息令我们万分悲痛。对我们小辈来说，他是我们心中的偶像，永远值得我们敬重。

这还让我回想起了 2021 年 5 月 22 日袁隆平教授离开我们的时候，于此有同样的感想。

教授虽然已经离开了我们，但是我们年轻一代有灵活的双手、能够运转的大脑、能迈开的双腿，我们询问自己，我们又能做些什么呢？我们所拥有的这副躯体又怎么如他们一样去发挥最大的作用和价值呢？我想他们一定不想让我们后辈沉浸于他们离开的悲痛中，而是希望我们勇于接过他们肩上的责任和重担。

作为新时代崭新的力量，我们应当学习沧南教授刻苦钻研、不计名利的精神，内化于心、外化于行，用实际行动将沧南教授的精神一代一代向下传递，努力实现前辈们未完成的梦想，才算是对他最大的敬意。

（2023 年 1 月）

一名95岁老党员的赤子之心

◎ 王成奇　黎益君　李　婷*

10月16日，《湖南日报》、湖南卫视、湖南人民广播电台、新湖南、红网、《三湘都市报》等省内主流媒体集中报道了湘潭大学一位95岁的老党员，多家媒体将他的先进事迹在“时代脊梁”栏目中做了深度的介绍。

这位老党员是湘潭大学原哲学系离休教师沧南，1956年入党，一辈子致力于毛泽东思想研究、宣传与实践，生动诠释了对党无限忠诚、对人民无比热爱、对事业无私奉献的共产党员的高尚品格。2018年9月9日，省委书记杜家毫到校调研时看望了沧南，称赞他身上充分体现了一名共产党人的坚定信仰和“活到老、学到老、改造到老、奉献到老”的优秀品质。

不忘初心：永远忠于党的教育事业的建设者风尚

“我是1977年从武汉大学自愿来到湘潭大学的，见证了湘大

* 王成奇，湘潭大学宣传部记者；黎益君，副教授，硕士生导师，湘潭大学碧泉书院·哲学与历史文化学院原党委副书记，现任湘潭大学法学院党委副书记；李婷，湘潭大学通信工程专业2018届毕业生，现就读于深圳大学传播学院。

从荒芜到建设成为一所规模宏大的大学的奋斗历程。”沧南说。

1974年湘潭大学恢复建校，同年11月教育部向湖北、广东、北京、天津、上海等10省（市）发出《关于请求支援湘潭大学部分师资和图书的通知》，得到各省（市）的积极响应。1975到1978年，就有622名来自北京大学、清华大学、复旦大学、吉林大学、南开大学、武汉大学、华中师范大学等90多所高校的教师汇聚湘大。沧南正是这其中的一员，他于1977年来到湘大，从此与湘大结下了一生中最重要的缘分。

当时湘大名为恢复，实为创建。学校处于初创时期，非常艰苦，没有图书馆、没有教室、没有教职员工宿舍、没有自来水、没有电灯，教职员工都分散住在周围农民家里，水要自己去水塘里挑，煤炭、食物要自己到市里买。那个时候，沧南与大家一起头顶蓝天、脚踩黄土，边劳动建校，边教学科研，一步一个脚印地开始创业。劳动建校晴天一身汗，雨天一身泥，但大家朝气蓬勃，精神饱满，积极向上，尽心尽力地把各项工作做好，没有一句怨言。现在湘潭大学从校医院到办公楼中间的那些参天樟树，就是那个时候沧南等人带领师生栽种的。

回忆这段激情澎湃的岁月，沧南说，当年从外地调来湘潭大学，参与劳动建校，心中只有一个愿望，就是牢记伟人嘱托，把湘潭大学办好，大家感到无比光荣，“那个时候我们意识到湘潭大学在社会上的形象就靠我们这些人来树立，不利于团结的话一定不讲，影响湘潭大学形象的事一定不做！这种精神、这种情怀正是湘大精神的灵魂所在，是我们矢志不渝的初心，是我们教书育人的根本使命。”

实际上，当时沧南已经有了一个很不错的工作和生活环境。

1952 年 7 月，他从中国人民大学经济系毕业，留校任哲学教研室助教、讲师。1959 年 6 月调武汉大学哲学系任教，就已先后任哲学教研室副主任、主任。但是沧南仍然积极响应党中央的号召，毅然放弃了原来优厚的工作和生活条件，来到湘潭，支援湘大建设，并在湘大工作的第三年，就把家人接了过来，从此定居在湘潭，扎根在湘大。

“我在人大 9 年，武大 19 年，在湘大时间最长——41 年，大半辈子都在这里，我们大家对湘大最有感情。”沧南朴素的话语里，始终有一颗对湘大火热的心。这些年，沧南患有腿疾，出行不便，但他每隔不久总要在校园里走走，看看校园是否又有了新的变化发展。

近些年来，校园整体面貌得到进一步提升：提质改造的南校门广场落成，开阔大气；北京路、广东路相继开通，师生校内出行越来越便捷……这些新变化，沧南看在眼里，乐在心里。湘大的建设日新月异，让沧南感慨万千。

2018 年 9 月 10 日，湘潭大学在南校门毛主席铜像广场隆重集会，纪念毛泽东同志题写校名并指示“一定要把湘潭大学办好”暨建校 60 周年，沧南作为复校初期来校的教师代表发言。当谈到湘大精神、湘大变化的时候，94 岁的老人几度哽咽。他无限感慨地说：“我们把一生最好的年华都奉献给了湘大。今天，尽管我们年纪大了，但对毛泽东主席的热爱却更浓了，对党的教育事业信心更足了，对主席家乡大学的情感更深了。衷心祝愿湘大越办越好，一步一个脚印走向有鲜明特色的高水平现代大学。”

作为湘大复校初期的首批教授，沧南用大半辈子的时光在这里辛勤耕耘，成了湘大建设发展的参与者、见证者，生动诠释了

“牢记嘱托、艰苦创业、追求卓越”的湘大精神。沧南说，牢记伟人嘱托，传承湘大的红色基因，既是使命，也是责任，把湘潭大学办好，是湘大精神的灵魂所在，更是所有湘大人的初心。

矢志不渝：一生致力于毛泽东思想的学者风范

6月29日上午，省委常委、省委组织部部长王少峰来到湘大调研，专程向沧南送来了节日的祝福。沧南向王少峰介绍了自己一生从事毛泽东思想研究的观点与体会、复校初期来到湘大的经历与感悟。王少峰称赞沧南矢志不渝研究毛泽东思想的精神，毛泽东思想研究能取得今天的成绩，离不开像沧南这样一批老先生、老教授的矢志追求与毕生贡献。

“我为什么想研究毛泽东思想呢?”追溯这条学术之路的起源，沧南解释说，他当年是受毛主席的感召来到湘潭，建设湘大，学习、研究、弘扬毛泽东思想和毛泽东的精神风范、人格魅力，继承湘潭大学的红色血脉是包括自己在内的每一个湘大人不可推卸的责任。在党的领导和全体湘大人的努力下，湘潭大学开创了毛泽东思想研究的广阔天地。

1978年，教育部下达通知：重点大学可以根据自身条件招考硕士研究生。当时，刚到湘潭大学任教不久的沧南就建议哲学专业招收毛泽东哲学思想研究生和建立毛泽东哲学思想研究室，校党委同意了这个建议。1978年建立哲学系并招收本科生和研究生，并任命沧南为哲学系主任，兼任毛泽东哲学思想研究室主任。

“我1995年已离休，但对于毛泽东思想的研究、对于社会主义建设问题的研究没有中断。庄子曰‘吾生也有涯，而学也无涯，以有涯随无涯。’学无止境，我虽已值耄耋，却也不敢停下思考的脚步。”这就是沧南对于毛泽东思想研究的真实心理剖析。

这么多年来，无论社会思潮怎么变动，沧南从未动摇过对马克思主义、毛泽东思想的信仰和共产主义必胜的信心。沧南著有《毛泽东哲学思想》《农民哲学常识》《沧南自选集》《沧年往事》，主编《毛泽东方法学》《现代化视野中的毛泽东思想研究》，参编《毛泽东社会主义建设理论研究》等书，撰写论文《实事求是，是一个多侧面的理论体系》《认识论的辩证法与辩证法的认识论》《马克思主义中国化与中国实际马克思主义化》《毛泽东是探索适合中国情况的社会主义建设道路的伟大开创者》百余篇，还兼任全国毛泽东哲学思想研究会理事、湖南省哲学学会顾问、湖南省毛泽东思想研究会副会长等。

作为湘潭大学毛泽东思想研究的开创者，沧南在长期的马克思主义哲学和毛泽东哲学思想的教学和研究工作中，已培养研究生40余名，其中很多都从事毛泽东思想学研工作。有了他铺垫的良好基础，经过大家的共同努力，湘潭大学毛泽东思想研究在学术界的声誉越来越高，并长出了茁壮的果实。2004年，湘潭大学毛泽东思想研究中心被列为教育部人文社科重点研究基地。

同年，该中心决定重新编写《毛泽东方法学》，沧南任主编。在马克思主义中国化研究领域，毛泽东制定的一整套具有中国共产党特色的思想方法和工作方法的科学理论，正是马克思主义中国化的一大创举。《毛泽东方法学》于2005年出版，一经面世便获得良好的学界反响。时任中央文献研究室副主任的李捷在人民网发表的一篇题为《关于毛泽东思想研究的若干思考》的文章中指出：“毛泽东方法论研究，这是一个基础性的老问题。……在这方面，最近出版的由沧南老师主编的《毛泽东方法学》，是一个重要的成果，我们要在此基础上再前进一步，再深化一步。”

而作为一名人民教师，沧南也很好地兑现了为党的事业教书育人的崇高使命。作为湘潭大学第一批带硕士研究生的导师，沧南培养了彭国甫、廖小平、刘国华、曾海平、曹健华、颜佳华等一大批优秀人才，他们中有省部级领导干部、有高校校长、有企事业单位高层，更多的是在高校从事马克思主义理论研究的学者和教授，无论在什么岗位，都已成为单位的核心骨干力量，都继承了沧南提出并始终践行的共产党员的“精气神”：坚定马克思主义信仰，忠于党和人民的事业，全心全意为人民服务，永葆共产党员的初心与本色。

淬炼成金：退休不褪色的老党员风采

1995 年 6 月，时年 71 岁的沧南从湘潭大学哲学系离休了。在他看来，“离休”并非意味着颐养天年，游山逛水——人生仅仅只有一个信条，那就是“不惜牺牲个人的一切，为实现共产主义奋斗终身”，沧南不仅这样说，也是这样做的。离休刚几天，他又到校关工委给学生们上党课去了。

给同学们讲党课，沧南把自己摆进去，自己是怎么样想和怎么做的，就怎么样讲，这样效果很好，受同学们欢迎，每次听课的都有几百人，报告厅坐得满满的。

在校关工委一干又是 10 多年，除了给党校和其他院系学生讲党课外，他还在公共管理学院 2005 级公共事业管理班做了两年辅导员工作。辅导员的工作，主要是参加班委会组织的读书座谈会、新党员座谈会、组织入党积极分子座谈会等，沧南用自己的亲身经历与同学们摆事实，讲道理，达到积极引导青年学生树立正确人生观、价值观、世界观的目的。2003年沧南被评为全国教育系统关心下一代先进个人，2002年、2005年被评为湖南省关心下一代工作先进个人和工作标兵。2008年，2005级公共事业管理班被评为湖南省先进班集体。

这些年来，沧南通过各种场合认识了不少年轻的学子，通过与他们面对面地交流、心连心地指导，大多结成了忘年交，是学生心中最亲近的“爷爷”。

目前在湘潭大学毛泽东思想研究中心攻读博士学位的吴璇，大学期间通过向沧南求教一篇论文而与其相识。吴璇听同学讲，沧南是毛泽东思想研究领域的专家，而自己所需求教的只是一篇“小文章”，内心不免忐忑。然而，出乎她的意料，沧南在听完她的自我介绍和要请教的问题后，就欣然答应好好研究后给她答复。原以为沧南要过很久才会答复，“没有想到的是，爷爷当天回去就认真研究了这篇文章，并用红笔做了详细的批注，字里行间都是圈圈点点。为了尽快把这篇文章交到我手上，爷爷还通过学院主动找到了我。”拿到这篇写满批注的文档时，吴璇被这位老学者的治学精神和对学生的关爱深深打动。

从此吴璇经常向沧南请教问题。每次在研究中遇到难点，或是写了新的文章，都会听取沧南的意见。沧南还通过自己的人生经历，鼓励吴璇用功学习，特别是学习、研究、弘扬毛泽东思想和毛泽东的精神风范、人格魅力。这让吴璇更加坚定了学习毛泽东思想的决心和信心，在这方面的钻研越来越深刻，实现了本硕博连读。

对于沧南的言传身教，吴璇分外感激。“正是有了许许多多像爷爷一样的老一辈湘大人，不论在多么艰苦的条件下都坚持保留毛泽东思想研究这门学科，矢志不渝地躬耕于毛泽东思想教学与科研的土壤上，才为我们打造了这样坚实的研究平台。”

正是受惠于求学期间沧南的关怀，许多已经毕业的学生仍会时常回来看望沧南，每年一到沧南过生日，除了自家亲人外，总有一些毕业好些年的学生以及在校的学生到家里探望。

每到这时，那些在场的和不在场的学生，沧南都能一个个地数出来；那些学生以前怎么样，现在在哪里，做什么，家庭情况如何，他都记得很清楚。

“在担任校报学生记者期间，因一次采访而与沧老相识，从此我的生活里多了一位可亲可敬的爷爷。”信息工程学院学生李婷说，实习和考研期间，她曾得到沧南多次悉心的关心和鼓励打气。今年沧南过生日时，李婷来到沧南家，发现来的学生还不少。“除了自家亲人之外，有博士姐姐吴璇，有已经毕业好些年的学姐谌莎和她的老公，还有其他的学生。在交谈中，我发现大家无一例外都与爷爷保持着非常好的关系。谌莎姐姐已工作多年，但她最多时隔两月又会来看望爷爷。”李婷所说的谌莎，是沧南在校医院看病候诊时认识的，从此这“爷孙俩”就越来越亲近了。

与此同时，沧南这些年来一直在坚持默默地做一件事——向学校捐资设立奖学金资助学生。2015 年，沧南捐资 20 万元在哲学系设立沧南奖学金，奖励、资助一批表现优异的学生。今年 9 月 5 日，沧南在家属的搀扶下分别来到工商银行和建设银行，再次支取 20 万元交由哲学系，并声明要以“湘大人”名义捐赠，作为该系贫困学生资助金。

沧南说，之所以要尽己之力为学生提供帮助，是要以捐赠、资助学生的方式报答早年他人对自己的帮助，并激励学生成才。

年轻时沧南辗转各省求学，得到了当地居民以及同学家长的诸多帮助。这份恩情，沧南时常感怀在心。

今年是湘大建校60周年，5月17日，湘大校庆办线上捐赠平台收到了一笔1万元的特殊捐款。自开通60周年校庆线上捐赠平台以来，这笔捐款不是最大的一笔，但确是最有意义的一笔。因为捐献这笔款的人是亲身参与湘大建设并见证了湘大发展的沧南。

回顾这一辈子，沧南深情地说他一生最好的年华都在湘大，奉献给了湘大，“我的一切都是湘大给予的，回馈湘大，我觉得这是应该的。”

（2018年11月）

难忘教诲，永恒怀念

——追忆五叔沧南先生

◎ 高瑞麟*

时光白驹过隙，叔侄情真意切。

五叔原名高家贵，后因革命工作需要改名为沧南。五叔在同辈兄弟中排行第五，我们的父亲高健平（原名高家祥）排行第四，母亲叫甘玉华（她因病 39 岁离世），父母养育我们四子：瑞麟、瑞庆、瑞荣（已故）、瑞钧。

近由玲玲妹（五叔女儿）转达，湘大要为五叔编辑纪念册，希望亲属能写点纪念文字，我即与二弟瑞庆、四弟瑞钧商量，他们委托我代笔拟文，并代表全体家人表达对五叔的追思与怀念。

五叔生前系湘潭大学哲学与历史文化学院教授，他先后获得“全国优秀教师”“全国道德模范提名奖”“湖南省荣誉社会科学专家”等光荣称号，他曾说，用韶华之光追求真理之光，真理的冷板凳坐得还不够，我的一切都是党给予的，离岗不离党，退休不褪色，被广大师生誉为“我们脑海中共产党员的样子”。如今

---

* 高瑞麟，原安徽宣城职业技术学院党委副书记、院长。系沧南先生的侄儿。

湘潭大学已成为全国毛泽东思想研究的“重镇”，而五叔则是“守镇”的一员老将。

提起五叔，在我们兄弟的脑海中闪现出白发皤然、慈眉善目、面庞白皙、温文尔雅的学者风度。老人家早在 2015 年捐献 20 万元给湘潭大学哲学系，设立沧南奖学金，激励哲学系在读研究生和本科生勤学奋进。

回眸五叔的人生轨迹，少年孤身离乡，追求革命真理，百折不挠求学；年过半百，他又从任教的武汉大学奔赴湘大建校，舍弃城市生活来到湘中潭城，一直工作到离休。我们不禁思索：五叔的动力源于何处？他济困助学的价值观当今意义何在？他几十年在外与我们家人不可割舍的情结是如何维系的？

翻开历史的画页，答案跃然纸上。

1957 年 8 月，我考上县城一中的初中部，我父亲对我讲，你以后填写“学生登记表”社会关系这一栏要写上“五叔沧南，中国人民大学哲学系助教，共产党员”，从此我们兄弟知道五叔。父亲又讲，1948 年，五叔因工作需要从河北省沧县南下，（因形势所迫）故改名为沧南，到正定县华北大学读书，父亲还对我说，1946 年 8 月五叔在南京住了两个月，那时你才两岁，五叔抱着你从长乐路到中山路，再到秦淮河一带去玩，那时五叔准备报考大学，如果考取了，父亲表示，上学费用由他提供。父亲还告诉我，1940 年，五叔在芜湖芜关中学徽州分校与母亲甘玉华是同班同学，五叔后来去北平上学，我母亲将结婚戒指典当，给五叔做路费。从 1955 年起，五叔每月寄生活费给祖母，直至祖母去世。

1961 年，我们的母亲病逝，家庭面临困难，兄弟 4 人上学，开学集中交费，父亲一时手头拮据，十分焦虑，不得已情况下，父亲写信给五叔，后来五叔寄来学费钱，同时，还给我们每人寄来一双塑料凉鞋，那时，还是比较时尚的。

1966年10月，我利用大串联机会，带着父亲的托付，直奔武汉珞珈山。珞珈山怪石嶙峋，山势雄伟，林木茂密，秋的风景格外靓丽，找到五叔家居住的二层楼，只见门口站着两个戴红卫兵袖章的人，他们盘问了我几句，我敲开家门，只有堂妹和堂弟在家，室内贴了标语和封条，我顿时明白了：五叔“有问题”，正在挨整。堂妹告诉我，爸妈都被关在学习班，不准回家。我写下一张字条，告诉五叔我来过了，父亲向你们问好。写字的笔，也是考取大学后五叔送的。后来我阅读了近200本文学作品和文艺评论书籍，用这支笔写了4大本读书笔记。经历了特殊年代的考验，他并未丧失信心和斗志，后来在写给父亲的信中表示“学研毛泽东思想不动摇”，并透露准备到一所新的学校（湘潭大学）去干一番事业。

1979年下半年，五叔从外地开会返校途中，专程到安徽宣城看望我们的父亲及家人，那时高校刚恢复职称评定，他被评为副教授，情绪饱满，精力充沛，我时任宣城中学团委书记并兼授语文课程。他询问，你对教学是否有兴趣？组织上对你有什么考虑，当时他已55岁了，只身一人来到湘大，与621名初创者胼手胝足，参加建校劳动；在他的推动下，1978年湘大哲学系开始招收硕士研究生。1983年他讲授“毛泽东方法学”课程，后期主编《毛泽东方法学》一书，这本书是研究毛泽东的思想方法和工作方法的科学理论，被哲学界的同行称为“沧南先生独具特色的学术贡献”。

1993年12月，五叔寄给我《毛泽东思想哲学》一书，这本书 21 万字，由授课讲稿整理而成。为纪念毛泽东同志诞辰 100 周年，根据中共中央十一届六中全会决议精神编辑出版了“毛泽东思想的拓展与胜利丛书”，共 13 本专著，五叔寄赠的是其中一本，我运用书中的立场、观点和方法，解决了学校管理中遇到的情况和问题，受益匪浅。

2017 年五叔率全家回故里省亲，在和家人聚会中，他深情地回顾了 9 年求学读书的艰难过程，童年时期只念了两年书，抗战爆发后，由于家境贫寒，无依无靠，跋涉了 5 个省（市），过着流浪学生生活，为了读书，他当过小茶房、住过田野小草棚，曾寄宿同学家吃百家饭，还曾积极参加进步青年学生运动，直到 1948 年投奔解放区入华北大学读书，才有安定的学习环境，他自喻读书经历是“过草地”和“爬雪山”，但从不畏惧，从不退缩，常用“人凭志气虎凭威”来自励。五叔的求学读书经历，不仅令大家十分震撼，也是我们后辈刻苦攻读，立志成才的学习典范。

沧南教授一家和老家亲人

五叔在家乡 7 天时间里，精神矍铄，亲聆謦欬。他目睹阔别了80年的故土由原本破旧的村落，变成如今一排排整齐的二层楼民居，一片片丰硕的稻田，一层层绿茵茵的茶园，还有远处波光粼粼的南漪湖，十分兴奋。当来到父母的坟茔，他垂首怆然欲泪："阿妈，小五子回来了，离开你这么多年，我一直记住你讲的话，要好好读书，要一辈子做好人，我想你呵！"我们眼中也饱噙泪水，仿佛听到一位志士，一位哲人，仰望苍穹自语，"阿妈，原谅我吧，我自己是自身行为的决策者"。五叔为了追求"求学读书，翻身解放"的信仰，抛弃了一时的儿女情长，信仰的灯塔指引他前进的方向，信仰如马达，为他提供无穷的动力和力量。五叔在高校讲坛，教书育人，他做到了习近平总书记强调的"有理想信念、有道德情操、有扎实知识、有仁爱之心"的人民教师。

时隔80年，沧南教授为父母上坟

五叔是我们家族长辈中最后一位辞世的近百岁老人，他的人生诠释了朴实的道理：哲学脱离实际是空洞的，实际脱离哲学是盲目的。他自己千锤百炼，浓缩精华，自强不息，厚德载物，体现了一名真正的共产党人，甘愿为人民利益奋斗终身的优秀品质。

今天，值得告慰的是，五叔生前所期盼的普惠众生，读书报国，今天已成为教育强国的洪流。2022 年全国各类高等教育在校生已达 4655 万人，高等教育毛入学率已达 59.6%，在校总规模居世界第一，中国青年享有更加平等，更高质量的教育机会，阻断了贫困的代际相传。

更令人欣慰的是，您的孙辈、重孙辈中，已有 5 位先后考入加拿大、美国和国内知名高校攻读金融、音乐、信息工程、设计等专业，并获得相应学位，他们已投入或即将投入教育强国、科技强国建设的时代大潮中。

我们家族的每个成员，都要以五叔为楷模，努力适应当今社会学科交叉、知识融合，技术集成的新特征，适应信息化、数字化、智能化等高质量发展的新形势，承前启后，继往开来，为祖国富强，民族振兴作出贡献。

在此，我们身处皖、湘等地的全体家人，谨向尊敬的湘潭大学领导、院系领导及亲爱的全校师生，长期以来对我们五叔的关爱、敬重和推崇表达深切谢意！并祝愿湘大在“建设教育强国，龙头是高等教育”的召唤中，瞄准世界科技前沿和国家重大战略需求，在推进科技创新的新赛道上精彩腾飞！

（2023 年 7 月）

爸爸的背影

◎ 高玲玲*

爸爸！您走得太远了……，我现在想看您的背影，却再也看不到了。那些曾经陪伴您的朝朝暮暮，都成了过眼云烟，消失在无尽的天际，只有深藏在我心底的思念和记忆，刻守心田，永难忘怀。

仔细搜寻记忆，一幕幕往事清晰地浮现在眼前，顿时，爸爸各种各样的背影出现在我脑海里。循着对爸爸背影的记忆，我的思绪又回到了那个年代。

那是在武汉大学珞珈山的时候，我清楚地记得，那年盛夏的一天早晨，爸爸送我和弟弟上幼儿园，窗外的倾盆大雨下个不停，因要从山上走到山下，路远地滑，于是，爸爸把 3 岁半的弟弟扛在肩上，并把 5 岁的我用一根绳子绑在了自己的背上，这幅画面我一直都忘不了：雨伞下，爸爸背扛着我们姐弟俩，我趴在爸爸的背后能明显听到他喘粗气的声音，一路上，滂沱的大雨像开了

---

* 高玲玲，系沧南之长女。

闸门似的泻下来，打在地上，像朝着地上射起无数的箭头，那雨真像一面大瀑布！瞬间又刮起了风，这密如瀑布的雨就被风吹得如烟如雾，爸爸就是在这疾风暴雨中背扛着我们姐弟俩艰难地行走着，还不停地问着我们，有没有被雨淋湿，而汗水早已浸透了他整个后背。我和弟弟在爸爸撑开的伞下感受到的是安心和安全，以至于多年以后，每每想起，都还有一股暖流在心间流淌，这就是我记忆中第一次近距离看到并深深地感受到爸爸坚实的后背。很想再次对爸爸说，“爸，在风雨滂沱的时刻，是您用钢铁般的肩膀抵挡狂风暴雨，让我和弟弟在您怀抱中安稳地成长，谢谢您！”

1971 年夏，因武汉大学哲学系迁移到襄阳分校，我随父母也来到襄阳。当时，爸爸是 1970 级哲学班的班主任，他与同学们同生活、同学习、同劳动。

每个清晨，当第一缕霞光穿透薄雾，爸爸已经充满活力、精神抖擞地来到同学们的住处，叫他们起床、吃早饭，叮嘱他们不迟到、不早退，晚饭时他如流星赶月一般，是为了饭后走到同学们的宿舍里为他们解决燃眉之急，与他们促膝谈心，同学们也都把爸爸当作亲人，他们在一起总是无所不谈，气氛融洽。在家里的书桌上，我还曾偷偷地看到同学间的情书和检讨书。

记得有一个寒假，班里有 6 位学生因家中贫困而没有回家，大年三十晚上，爸爸对妈妈说：“还有 6 位学生没回家，我们煮点夜宵给他们送去吧。”妈妈连忙点点头说：“好的，好的！”说罢，他们就忙碌开了：妈妈煮着甜酒冲鸡蛋，爸爸炸着糯米糍粑。不一会儿工夫，6 碗香甜的甜酒冲蛋和 6 个香喷喷金灿灿的糍粑映入我的眼帘。爸爸拿了搓衣板和菜板，分别把甜酒和糍粑放在上面，让我端着放有糍粑的菜板跟着他出了门。

大片大片的雪花从夜空中纷纷扬扬地飘下来，附近的田野、房子全都笼罩在白蒙蒙的大雪之中，我小心翼翼地紧跟在爸爸后面，低头看路，唯恐摔跤。走在前面的爸爸不停地叮咛我："小心路滑!"我这才抬起头，目光撞上爸爸的背影，高大而挺拔，一片片雪花飞舞到他的肩头悄然绽放，黑色的棉衣在大雪衬托的白色的夜里显得格外和谐。穿过小路后我们便来到6位同学的寝室，把热腾腾的甜酒和糍粑递到他们手里时，他们高兴地连说："谢谢沧老师、谢谢沧老师"！大家惊喜的笑容和闪着光的眼眸让我至今难忘。

在回去的路上，我迈着小步伐依然走在爸爸的身后，他的背影在漫天飞扬的大雪中显得这么伟岸、这么高大，更是这么温暖、这么贴心！也就是这个背影对我的一生产生了深远的影响，让我渐渐懂得关心别人是一种美德，是一种优良品质，在关心别人的过程中，自己也收获了喜悦和快乐!

岁月悠悠转瞬而过，在父母期盼的目光中，我们渐渐长大。多少年来，爸爸在我的人生旅途上送了我一程又一程，毫无怨言地为我和弟弟付出了艰辛，也吃尽了苦。正是在爸爸的保护下，我才能如此从从容容地面对生活中一次次的失败，跌倒后又勇敢地站起来，勇敢地扼住命运的咽喉，不向命运认输、低头。也是在爸爸殷切的期望中一点点地长大、成熟，并走向生活的彼岸。

20世纪70年代末，爸爸响应组织号召支援湘潭大学建设，义无反顾地离开了武汉大学哲学系，只身前往湘潭大学。后来我也因父母的调动从襄阳原单位调入当时的湘潭钢铁公司，去湘钢报道的第一天，是爸爸送我去的。

12月底的天气特别冷，那天早晨，北风凛冽，银灰色的云块在天空中奔腾驰骋，寒流滚滚，正酝酿着一场大雪。爸爸连手套帽子都没戴，肩上为我扛着一个硕大无比的行李箱，沉且重，从湘大到湘钢，我们乘坐公共汽车，中间转车还不说，下车后还得走很长一段路才能到达我即将工作的单位。虽然扛着沉重的行李箱，但速度不减，依然走在我的前面，我紧跟爸爸的步伐，看到行李箱压斜了他的肩膀，嘴里大口大口呼出的白气清晰可见。爸爸偶尔回头，我还能看见他满脸通红，额头上冒着些许汗珠，还不忘对我说："到了新单位要好好干，积极要求进步向党组织靠拢，做一个新时代的好工人。"虽然是一段路程，但于我而言却成为一生最悠长的记忆，这年爸爸 55 岁。

爸爸把我送到新单位交给了班长，并告诉班长，要对我严格要求，做得不对要批评指正，说完就走了，我手中拿着还存有爸爸体温的零用钱和全国粮票，和班长站在车间门口一起目送爸爸离开，望着他渐行渐远的矫健而坚韧的背影，我流下了眼泪。

班长和同事们都说："小高，你真幸福，有个这么好的爸爸。"是啊！这份温暖如同太阳一样，不论在哪个季节，总是给予我最合适的温度。在爸爸的呵护下，我和弟弟从小到大都能感受到一种别样的幸福。这就是我的爸爸，是我们的避风港，让我们在风雨里有所依靠！

那些藏在心底深处的温暖回忆，那些生命中留有美好时光的画面，一幕幕飘入脑海。

2001 年 7 月，我妈妈因乳腺癌转移成骨癌住进了湘大校医院。

同年 8 月 28 日，是妈妈 76 岁生日。那天中午，非常闷热，太阳火辣辣地炙烤着大地，蓝蓝的天空中，一丝风都没有，爸爸头顶烈日到饭店端了几个妈妈平日最爱吃的菜来到病房，正在读高中的女儿毛毛也来了，那天的病房显得格外安静，我们围绕着妈妈的病床吃饭。当时，妈妈已被肿瘤压迫得双目失明，眼前一片漆黑，已没有办法自主吃饭。我给她的碗里盛了一点儿饭和菜，准备喂给她，这时爸爸连忙接过来：“我来给妈妈喂饭”。我执拗不过，只好让他来喂。我坐在旁边的病床上，看着爸爸把饭菜一口一口地喂进妈妈的嘴里，并像哄我们小时候吃饭一样，吃完一口，爸爸就会说：“真乖！再来一口。”77 岁的爸爸就这样耐心地喂着饭，看到妈妈身上有洒落的饭粒也细心地擦拭干净，整个过程妈妈的眼角一直含着泪，当看到爸爸为妈妈做这一切的背影时，我心中无比的酸楚，不禁感慨：妈妈在人间的最后一个生日虽是不幸的，但也是幸福的。

爸爸忙着给妈妈喂饭，其间，偶尔和我们的交谈都像是会打破这份宁静，我们非常默契地配合着，也格外珍惜这次相聚。饭后，我们围绕着妈妈合影留念，这也成了与妈妈在一起的最后一张全家福。

20 世纪 90 年代，沧南教授和妻子杨荣芳

在爸爸身上，我看到了一个男人的责任与担当，看到了一个男人有泪肚里流、有苦自己藏、有难坚持扛的高尚情操，也看到了父母爱情的样子，他们用48年生活的点点滴滴，向我们传递爱情的意义。虽然他们彼此从未说过一个爱字，却携手走过风风雨雨；虽然他们从未有过任何山盟海誓，却共同走向地久天长。

拍摄于沧南教授妻子杨荣芳患病后

爸爸渐渐地佝偻了脊背，蹒跚了步履，两鬓也在不知不觉间染上了白霜。自2016年，爸爸的心脏做了起搏器手术后，我就从湘钢回到了爸爸身边，与爸爸的老伴罗阿姨共同照顾爸爸的日常起居饮食。

由于我和爸爸的性格很相似，很倔强，也很直率，在长期相处中，免不了会有小摩擦、小矛盾。我也偶尔会惹他生气，曾有好长一段时间里，觉得爸爸的背影不再那样亲切、那样温馨了，觉得这个背影有点陌生、有点隔阂，甚至有点霸道……

2019 年 4 月的一天，我被查出乳腺癌，顿时，觉得天都塌了，当我婉转地告诉当时 95 岁的爸爸时，从他惊诧的目光中透出了坚强，一阵沉默后仍继续伏案疾书，当我走出房间回头看他时，看到的是他在偷偷抹泪的背影。

几天后，干女儿芳梅开车接我去住院准备手术。那天早上，天空的阴霾、大地的沉默、风的咆哮，终究比不上大雨滴答的忧伤声深入我心。

爸爸患了多年的腿疾，走平路时他的腿都会疼痛。我们家住在二楼，虽说不高，但于他而言，每上一层楼梯或每下一层楼梯都是很艰难的，每次下楼时都只能面对楼梯、双手紧握扶手，倒退着逆行下楼，只有这样，才能减轻双腿的疼痛。为了给我送行，爸爸依然坚持下楼。远远的，我看到他拄着拐杖颤颤巍巍地走到路口，我推着行李箱走到他身边与他辞行，刹那间，爸爸一边用一侧肩膀拥抱着我，一边哽咽着对我说，“病来之，则安之，好好治病，用最好的药，别怕花钱啊，爸爸会全力地支持你”。这是长大后爸爸第一次主动拥抱我，我感受到这个拥抱是那么的深沉，那么的坚如磐石，那么的温暖，我是那么的幸福！

上车后，我趴在车的后排窗户上，整个脸都紧贴着玻璃拼命地、使劲儿地看着爸爸，看见远处的爸爸在大雨中有点微驼的背影，举着伞迈着踉跄的步伐艰难地走着，爸爸的背影在我的视线中越来越小，越来越小，彼时，心底那种无奈与酸痛奔涌上心头，再也忍不住情绪的冲击，两行泪水倾泻而出，模糊了我追望爸爸背影的视线。

这是我一生中看到的最令我心如刀割、撕心裂肺的他的背影。从这一刻起，我才明白爸爸对我的爱是那么的浓、那么的深，而我之前想法却是大错特错的，我感到深深的后悔。

手术后，我又进行了6次化疗和25次放疗。每次化疗后，我都要忍受着副作用带来的痛苦和不适，感觉自己正在被病毒一点一点地侵蚀，身体的每一个细胞都在痛苦地呻吟着，看着自己的头发丝一根一根地掉落，我感到无尽的绝望和无助。在做完第4次化疗后，我实在撑不住了，喝水都会吐，好似乎连苦胆水都得吐出来一样。于是我拿起手机给爸爸打了电话，告诉他我不想做化疗了，真是再也坚持不下去了。沉默几秒钟后，电话的那一头传出爸爸低沉而沧桑的声音："玲玲，你一共需要做6次化疗，而你已经做了4次了，也就是说，10公里地你已经走完了8公里，还有最后两公里了，咬咬牙就挺过来了啊"。听着爸爸的耐心开导，想起他在大雨中送我的画面，我再也不忍让他担心了，更不想让他失望，我最终坚持做完了6次化疗和25次放疗，走完了与病魔抗争的"最后两公里"。时隔4年，再次回忆起那段历程，他铿锵的话语、坚毅的眼神成了那特殊时期指引我勇敢向前的灯塔，给了我对抗病魔的信心和力量！

2022年12月，也是爸爸住院的前几天，我和罗阿姨正在厨房准备午餐，突然，听到房内传出"哗啦"的响声，我们急忙向里屋跑去，原来是爸爸正在书架前费劲地找书，不小心把拐杖碰倒在了地上，我连忙把拐杖捡起来放在爸爸的手中，对他说："爸，我来帮您找书！"他说："不用，不用，我自己找，也可以活动一下筋骨。"我悄悄地站在爸爸身后，好像第一次才仔细看清书架里陈列的一本本书，它们虽没有现在书籍华丽的外表，甚至由于年代久远，纸张渐渐脱落，可我好似透过了这些书，看到了我们家的历史和路程，更看到了爸爸从青年到老年的背影，从壮实挺拔到孱弱佝偻，而不变的是他对工作、对家庭的执着与坚守。

良久，只见爸爸在一排排书里，用他有些颤抖的手拿出一本《毛泽东的故事》，然后回到了书桌旁认真地阅读起来，我再一次看到他认真读书的背影。

沧南教授背影，拍摄于 2017 年冬

爸爸致力于毛泽东思想研究整整 53 年，这是他信仰的源泉，更是他终生坚守的阵地，他是典型的“读主席话、听党的话，做人民好教师”的模范，对于毛主席说的话，什么时间说的，在哪儿说的，他都能清楚地记得是在《毛泽东选集》第几卷。他经常叮嘱我和女儿毛毛一定要通读《毛泽东选集》，跟我们说，生命不息，学习不止，活到老，学到老，才能与时俱进。

从爸爸读书的背影中，我能感受到他有一股由内而外散发的、蓬勃向上的气场，有一种压倒一切困难而不被困难压倒的勇敢乐观的精神，有一种为人民服务至死不渝的信念。

2023 年 1 月 6 日下午 5 点 54 分，爸爸走完了他 99 年的人生旅程。当了一辈子人民教师的他，虽然没有惊天动地的壮举，却是一个踏踏实实教书育人的好人，是一个奋发图强、与人为善、有责任感、有担当的男人，他对晚辈们的爱，就像巍然屹立的湘大三道拱门一样，崇墉百雉，是我们的榜样，也是指引我们前行的方向。

现在只有在照片里才能看到爸爸的背影了，但每看一次，我都会想起他曾经教给我的勇气、智慧和爱。爸爸的背影永远都是我心中最温暖的记忆，我会像他一样坚强、勇敢、乐观地生活下去！

（2023 年 7 月）

本文作者高玲玲和父亲沧南

沧海横流　信仰弥坚

——记共产党员、湘潭大学九旬教授沧南

◎ 袁汝婷　柳王敏*

初冬，湘潭大学校园。

年逾九旬的沧南拄着拐杖，在女儿的搀扶下，一步步挪进文科楼。他走进教室，在齐刷刷的目光里，轻轻将拐杖靠在讲台边，摘下灰色毛线手套，站定，然后说了一声："同学们好。"

12 月 9 日，沧南在女儿的搀扶下，从家中前往教学楼给本科生上课。当天下午，湘大马克思主义学院一批"00 后"大一新生们有一堂讲座，主题是"信仰"。一个半小时，沧南站得笔直，直到讲完课，才扶着讲台缓慢地坐下，揉了揉膝盖。黑板上没有一字板书，19 岁的刘佳琛同学却写了整整两页笔记。她举手提问："老师，信仰怎么才能照进现实？"沧南双手撑着讲台，再次缓缓起身答道："我想给大家讲讲自己的故事。"

信仰的光芒

1924 年，沧南出生于安徽一个贫农家庭，原名高家贵，在颠

---

* 袁汝婷、柳王敏，新华社记者。

沛流离的动荡岁月，为求学两度改名。1949 年，他成为中国人民大学首批研究生。

“在大学时，我读了一些进步书籍，结交了一些思想进步的同学。亲眼看到国民党政府腐败，社会黑暗，我渐渐意识到，只有彻底推翻国民党的反动统治，中国才有希望，才能进步发展。”1948 年，积极参与学生运动的沧南，加入共产主义青年团。

1956 年，沧南实现心愿，加入中国共产党。此后，分别任教于中国人民大学、武汉大学。

1977 年，响应国家号召，53 岁的沧南来到湘潭，支援湘大学科建设。

彼时，沧南已是武汉大学哲学教研室主任，而 1974 年才被批准恢复的湘大，是一所“五没有”大学——没有图书馆、没有教室、没有教工宿舍、没有电灯、没有自来水。

开始时，沧南和同事们都住在农民家里。夏天蚊子多，晚上备课时，他就找两个大水桶把腿浸在水里。除了上课，还要搞研究、挑土、种树……

经过几代人的努力，昔日的黄土坡，如今建成为一所现代化大学。

1978 年，沧南向湘大党委建议，哲学专业招考毛泽东哲学思想硕士研究生，建立毛泽东哲学思想教研室，这两条建议均被采纳。由此，湘大成为全国第一所培养毛泽东哲学思想研究生的高校。

“我见过彩虹霞光，也经历过狂风巨浪，更坚定了我对马列主义、毛泽东思想、中国特色社会主义理论体系的信仰。”沧南说，“信仰是自觉的、理性的，矢志不渝的。”

哲学是文化活的灵魂。在一方斗室里，沧南拥有熠熠生辉的精神世界——

《实事求是，是一个多侧面的理论体系》《马克思主义中国化与中国实践经验的理论升华》《毛泽东对社会主义建设若干问题的认识》……沧南一系列学术研究，掷地有声，学界评价沧南“开创了毛泽东方法学这一全新的研究领域”。

“沧老师在退休后仍坚持研究，完全是发自信仰。”湘大副教授申永丰说。

“求真务实，是老师终生坚持的学术原则。”作为沧南的第一届毛泽东哲学思想专业研究生，79 岁的老教授范贤超说，沧南拥有真正的“学人风骨”。

如今，沧南带出的研究团队，搭建了毛泽东思想研究省部共建协同创新中心、教育部人文社科重点研究基地毛泽东思想研究中心。

党员的样子

湘大东坡村 9 栋，建于 40 年前。3 单元 2 楼，一户 90 平方米的教工宿舍，一直是沧南的家。

客厅里摆着陈旧的沙发和矮柜。墙上机壳泛黄的空调，是 2000 年添置的，换了好几次制冷剂，沧南还舍不得换台新的。

卧室也是书房。当年从武汉带来的书桌，有许多虫蛀的小洞。床上叠放着一件灰色棉袄，这是他最常穿的冬衣，1982 年买的。去年，拉链坏了，他用绳子绑一绑，又穿了一个冬天。

“脸盆和漱口杯也用了 30 多年，总不肯换。”女儿高玲玲说，20 世纪 90 年代，学校想让沧南搬进“校长楼”，他听说有位老师患了哮喘想住新房，就把房子让了出来。

自 1981 年在东坡村住下，沧南再没搬过家。

除了教书和研究，沧南最大的爱好是集邮。1949 年起，他坚持每个周末去邮局买邮票。

攒了 60 多年的两大箱邮票，却在 2014 年被悉数卖掉了。

这一年是湘大碧泉书院・哲学系建系 35 周年。他想把卖邮票所得 20 万元，全部捐给系里贫困生。高玲玲劝父亲："弟弟一直病着，您身体也不好，咱能不能捐 15 万元，自己留 5 万元？"

沧南拒绝了。几天后，哲学系有了一笔 20 万元的"沧南奖学金"。"卖了邮票后，我爸像把孩子送走了一样失落，但他没后悔过"，高玲玲说。

毕业多年的学生们担心老师生活困难，凑了一些钱交给沧南。"老师怎么都不肯收，最后我们派了一名同学，把钱放在茶几上就跑了。"湘大马克思主义学院院长颜佳华也是沧南的学生，他没想到，这些钱也被捐了——2018 年，沧南以"湘大人"名义，再次捐款 20 万元。

"那些钱是凑起来的。沧老师拄着拐杖，颤颤巍巍，一个银行一个银行去取钱，我忘不了。"湘大碧泉书院・哲学与历史文化学院党委副书记黎益君说。

对自己和家人，他却近乎严苛。2001 年，高玲玲得了感冒，想让沧南帮她开点感冒药，"爸，你是离休干部，可以报销。"沧南顺口答应了，却马上意识到，药不是自己吃，"不能报，报了就是欺骗组织。"

"我爸总说，为人民服务必须全心全意，来不得半点虚假"，高玲玲说。

信仰的种子

沧南关心学生生活，关切学生成长。

1971 年除夕，天寒地冻。武汉大学襄阳分校宿舍里，6 名贫困生没能回家过年。十二三岁的高玲玲和父亲分别抬着一块搓衣板和一块菜板，上面放着 6 碗甜酒和糍粑，送到学生宿舍。

沧南很爱学生。教书时，他省吃俭用给学生买稿纸、发奖金；退休后，他仍坚持资助贫困生。

2005 年，18 岁的大一新生桑杰罗布扛着行李，从西藏墨脱县出发，一路艰辛，来到湘潭大学。

初入湘大，桑杰罗布对气候、饮食都不适应，很少与同学交流，跟不上学习进度，想退学。沧南把桑杰罗布带回家，做了一大桌饭菜，和他边吃边聊，对他进行鼓励。

大学 4 年，桑杰罗布只回了一次家，但几乎每个周末和节假日，都在沧南家里度过。“老师一个劲给我夹菜，有时，也会给我讲党史故事。他家红烧肉的味道，我一直记得。”

毕业前夕，桑杰罗布入党了。毕业后，他回到墨脱县，成了一名政法干部。

“当我们走上社会、努力拼搏时，我们会记住，您曾用肩膀将我们托起。”不久前，沧南收到学生毛星芝的一封长信。

毛星芝是湘大公共管理学院 2005 级公共事业管理班的班干部，沧南是班级指导老师。这个班有超过一半学生是农村贫困生。

第一次在班上召开主题座谈会，沧南围绕“立志成才与人生信仰”和学生们展开讨论。那天座谈会结束，毛星芝写下日记：“我一定要像沧老师鼓励的那样，自强不息。”大学 4 年，毛星芝依靠勤工俭学，没向家里要一分钱学费，获评2008年度“中国大学生自强之星”。

毕业前，班里举行最后一场“就业观”主题班会。沧南写下毕业寄语——

“你们即将毕业，到祖国最需要的地方去。在那里扎下根来，深入实际，联系群众，在实践中发挥你们的智慧和才能，闯出一番事业来。”

这个只有31名学生的班级共获得162项荣誉，超过半数学生入党，毕业后17人赴县乡村基层组织工作。

1995年，71岁的沧南离休，主动要求到湘大关心下一代工作委员会工作，给入党积极分子上党课。“讲课不能照书本念，要好好备课。”沧南说，“把自己摆进去，孩子们就不会觉得信仰很遥远。”

尽管腿脚不好，每一堂课，他都坚持站着讲。一堂课下来，总要许久才恢复体力。有人劝他：“既然离休了，何不多休息休息?”

“共产党人只有一种人生观，没有离退休后的第二种人生观。对老师来说，就是要把每一堂课讲好。”沧南回答。

12月的阳光，给校园里一排排香樟树涂上淡淡的金色，几位学生搀扶着沧南散步。

老人指着一棵香樟树，笑着对学生说：“这些啊，以前都是小树苗，是40年前，我和同事们带着像你们这么大的孩子种下的。我老了，可你们还很年轻，中国的未来，取决于现在的你们树立什么样的信仰。”

（2019年12月）

深深扎根于湘大

——缅怀沧南教授

◎ 教育部官网

全国优秀教师

全国离退休干部先进个人

湘潭大学毛泽东思想研究的开创者

拥有坚定信仰的共产党员

沧南老教授

于 2023 年 1 月 6 日 17 时 54 分

永远离开了我们

享年 99 岁

沧南老教授生于 1924 年 6 月 25 日，一生致力于毛泽东思想研究，具有坚定的马克思主义信仰和共产主义信念，在毛泽东思想研究和教学领域贡献突出。

他知行合一，矢志不渝献身党建研究和教育事业发展，作为全国赴湘支援湘潭大学建设的首批教授之一，在校率先开展毛泽东思想研究，建设教育部人文社科重点研究基地，培养的一大批研究生成长为毛泽东思想研究领域专家。

他不忘初心，学术和道德等身，主编《毛泽东哲学思想》《毛泽东方法学》等多部论著，耄耋之年坚持潜心钻研，指导学生从事习近平新时代中国特色社会主义思想研究阐释。

他以身作则，始终坚守一线立德树人，被称为青年学生的“活教材”。他常年节衣缩食资助贫困学生，捐资40余万元助学奖学，离休后兼职关心下一代志愿服务工作10多年，做本科生辅导员，坚持给学生上党课400余场，用自己的亲身经历和丰厚学识，引导青年树立为社会主义奋斗终身的理想，在学生心灵播撒信仰的种子，被师生奉为“我们脑海中共产党员的样子”。

我们怀着十分悲痛的心情，送别我们敬爱的老师和前辈，我们将继承老先生的精神传统，学习他坚定的马克思主义信仰和共产主义信念，学习他绝对忠诚、爱党爱教的崇高品质，学习他立德树人、无私奉献的师德风范，学习他为党育人、为国育才的至诚情怀，学习他勇于攀登、服务人民的精神追求，不辜负这位令人崇敬的经师和人师的殷切期望！

2022年，在湘潭大学出版社出版的《扎根湘大这些年》一书中，沧南老教授特赐稿《深深扎根于湘大》，抒发自己扎根湘大40余载的感悟。现将全文予以发布，以此悼念和缅怀沧南老教授！

我们这些老同志，都是湘大复校期间来的，距今已有40余年了。我们来时，筹划基建工作还未开始，只闻湘大之名，不见其实体，没有教室，没有图书馆，没有教职员工宿舍。党委书记张勇住在鹅公塘仓库门口一间小房子里。教职员工都住在周围农民家里，近的一两公里，远的三四公里。一家老小挤在一间房子里，吃的、用的都要步行到市里买，特别是买煤，需要全家出动，男拖女推，先把大板车拖到火车站附近煤场，买上几百斤散煤再拖回来，来回30余里，男人肩膀痛，女人腰痛，几天也恢复不过来。

现在的第一、第二、第三教学楼，大礼堂、逸夫楼、东坡村、松涛村、北斗村这些地方，过去都是连绵起伏的红色小山包，没有树，也没有草。湘大负责人事调动工作的同志曾对我们说过："湘大目前工作、生活条件比较差，交通又不方便，住在农民家里，水要自己到塘里去挑，比较艰苦。"但是，我们仍然义无反顾地来了，而且是自觉自愿来的，是怀着对伟大领袖敬爱的心情、带着一颗一定要把湘潭大学办好的赤胆忠心而来的。只要把湘大办好，吃点苦、受点累，值得，有意义。

我们这些老同志来自全国各地，虽然经历不同、专业不同、生活方式不同、爱好不同，但是，在来湘大工作、任教这个问题上，却有许多共同的想法，我把它概括为"三感"。

一是自豪感。湘潭大学办在毛主席的家乡——湘潭市，它是全国一所文理工综合性重点大学，是经过毛主席的同意而创办的。湘潭大学四个苍劲有力的大字，是毛主席亲自书写，并嘱咐"一定要把湘潭大学办好"。所以我们来湘大工作、任教都感到非常自豪，非常荣耀，备感光荣。这种自豪意识使我们有勇气、有毅力面对现实。大家笑容满面，该劳动的就去劳动，该备课的就去备课。没有一个说怪话的，也没有一个要求调走的。我们生活都过得很充实、很愉快。

二是责任感。我们意识到办好湘大是湖南人民和毛主席老人家的心愿。若是不能又快又好把他们的心愿变成现实，我们就辜负了他们的期望，就会深感内疚，觉得对不起湖南的父老乡亲，对不起毛主席他老人家。所以在湘大工作的每一位同志，都感到了责任重大，有压力、有紧迫感。这种紧迫感，迫使我们兢兢业业、勤勤恳恳、一丝不苟地做好每一项工作，讲好每一堂课。

我们的责任，说得具体些就是：引导和帮助同学们树立科学的、革命的世界观，即马克思主义的立场、观点、方法和为人民服务等相统一的世界观。根据我们自己的经验：世界观对于我们来说，实在是太重要了。它不仅关系到同学们的前途和命运，而且关系到社会主义祖国的前途和命运。再过20年，我们的党和政府的各级领导权，就掌握在你们这一代青年人手中。到那个时候，社会主义祖国向哪里走，走什么道路，就取决于现代青年树立什么样的世界观了。

人来到这个世界上不是为了自己个人的发展，而是为了要在科学的革命的世界观的指导下，解放全人类，使人得到全面的发展，而是为了改造、发展这个世界，这才叫人。人和其他动物就有这个区别。这是其一。其二，指导和帮助同学们学习科学知识，掌握为人民服务和建设有中国特色的社会主义的本领。科学知识，不是生来就有的，也不是从天上掉下来的，而是学来的，学习就要遵循一定的方法。我们的经验：一是博学。我们学校的校训，第一条就是博学。所谓博学，除了学好自己的专业以外，还要广泛地阅读各种书籍，只有博学，知识才广博，才范围大、方面多；二是边读、边想、边记。读不懂，就要多读，并且反复地钻研，没有时间，就少玩。“想”，就是想怎样用所学的理论来说明、解释存在的问题。“记”就是把自己的学习心得、体会记录下来；三是要多复习，只有三复四温，才会有新的认识。所以孔子才说“温故而知新”。

三是自尊感。要使别人尊重湘大，作为湘大人的我们，首先必须爱护湘大，尊重湘大。说得具体些：一是绝不向别人低头弯腰说湘大不如其他学校；二是绝不容许别人歧视湘大，恶意贬低湘大。我们怀着自尊心，在湘大党政的领导下，团结一致，互相鼓励，互相帮助，不利于团结的话，绝对不说，有损湘大形象的事，绝对不做。

如今我们虽然老矣，但是人老志不老。我们永远不忘初心，牢记自豪感、责任感、自尊感，攻坚克难，为湘大在“双一流”建设高校的基础上前进发展，贡献我们的微薄之力。

（本文曾于2023年1月7日发表于教育部官网，原文标题是《缅怀丨沧南教授逝世，享年99岁：深深扎根于湘大》。）

灯塔如炬　赤子其魂

——追忆沧南先生最后的日子

◎曹　辉　肖　畅*

初春，湘潭大学东坡村9栋3单元，老旧的红砖房外，还是那一排排青翠的桂花树。摇曳的枝叶，不时探头寻找2楼窗前，那个常年伏案工作的鲐背老人。

屋前的绿荫道上，偶尔有过客驻足，轻轻侧身、抬头凝望，生怕惊扰老人放大镜下的文字，和从青丝到白发的信仰。一转身，他们又红了眼眶，快步离去。

“爸，我回来了！”屋里传来声响，65岁的高玲玲像往常一样，边开门边打开灯，习惯性地叫唤着。只是，她没有再往父亲的房间走去，而是凝望着客厅墙壁上挂着的照片，“爸，您的遗愿，完成了。您可以放心了。”说完，泪流满面。

照片中的老人，精神矍铄，笑得慈祥温润。他叫沧南，是我国著名毛泽东思想研究专家、湘潭大学原哲学系主任，曾获得全国道德模范提名奖、全国优秀教师、全国离退休干部先进个人等荣誉称

---

* 曹辉、肖畅，《湖南日报》记者。

号。2023年1月6日17时54分，他因病逝世，享年99岁。

最后一笔党费，来自重症监护室里的牵挂

2021年的一天，高玲玲陪着父亲漫步校园。父亲走在前，右手拄着拐杖，步子很慢，女儿紧紧跟在身后。

“玲玲，等我走了以后，你还要帮我交最后一笔党费。”老人停下脚步，转头看向女儿。

那是父亲第一次提起这笔特殊党费，女儿深知父亲性格，当即回应道：“爸，您放心。这件事，我一定会办好。”

老人微微笑了笑，又继续走着。两旁高大的樟树，静静地注视着他们：从中年到老年，黑发已积霜，背影已佝偻。

这两年，沧南多次叮嘱女儿牢记党费一事。最后一次提起，是2022年12月29日。那时，沧南因病已住进重症监护室，时而清醒、时而昏迷。女儿探望他时，看出父亲有话想说，但吐字艰难。

“是不是挂念着党费的事?”女儿俯下身问。

躺在病床上的沧南，吃力地点了点头。

“您放心，我一定办好。”女儿含泪，回应道。

病床上的老人，又点了下头，缓缓闭上眼睛，满意睡下。

今年1月6日，沧南与世长辞，此时湘潭大学正放寒假。2月中旬，新学期一开学，高玲玲就立即找到学校领导，要求尽快完成父亲遗愿。2月23日下午，高玲玲将父亲生前心心念念的3万元特殊党费，交给了组织。了却父亲遗愿后，她赶回家中，将这一消息，告知墙上的父亲。

“他对自己太不好了!”时隔父亲去世已近两个月，高玲玲仍

难掩悲痛，“整理遗物时，柜里就是常洗的那几件衣服，几乎穿了三四十年。那些学生送他的棉袄，和我给他买的衬衣，还是崭新的，没舍得穿。”

20 世纪 80 年代，沧南住到东坡村后就再没挪窝。原本有机会搬进学校新建的专家楼，他却将分配给自己的新房，让给了身患哮喘病的同事。

环顾沧南住了 40 多年的家，几间狭小简陋的屋子里，只有几件过时甚至有些残破的家具电器。屋里没有餐桌，一家人早已习惯围坐在狭窄客厅的茶几上，弯着腰吃饭。最常见的菜品，是豆腐和小菜。

往里走，是沧南的卧室，也是他的书房。墙上一台挂式空调，是 20 世纪 90 年代学生凑钱买的，他舍不得用。一张有虫洞的书桌，是 40 多年前从武汉大学带过来的。书桌前的藤椅，陪了他 30 多年，磨得发亮，弯腰一看，左边的扶手早已断裂，被透明胶缠着，绑了厚厚的一层又一层……

沧南一家，是需要钱的。他自己常年被腿疾折磨，前几年又患上黑色素瘤；已退休的女儿 2019 年罹患乳腺癌，做了 6 次化疗 25 次放疗；儿子患精神分裂症 38 年，2021 年因幻觉坠楼，摔断 5 根胸椎和腰椎，长期住院；老伴患有抑郁症和冠心病……

可就是这么清贫勤俭，甚至被女儿“吐槽”向他借几百元钱都要打欠条的“抠门”老人，却多次将自己的积蓄捐出。2015 年，他把 60 多年所集邮票悉数变卖，所获 20 万元全部作为奖学金资助贫困学生。得知此事，毕业多年的学生担心老师生活困难，为他凑得 20 万元。2018 年，他又以“湘大人”名义，将这笔钱全部捐出。这几年，他还先后捐出 3 万元用于疫情防控、3 万元给湘潭市社会福利院。

“沧老这么做，原因是什么？”记者问。

“原因，大概就是父亲常说的那段话：我从一个放牛娃，变成一个人民教师，我的一切，都是党给予的。我之所以在某一方面做了一点工作，完全是党教育的结果”，高玲玲回复道。

1924 年，沧南出生在安徽农村，原名高家贵，父亲很早去世，母亲带着姐弟 5 人挖野菜充饥甚至乞食。在战火纷飞、内忧外患的年代，他过了 9 年没有家的流浪失学生活，吃百家饭，穿百家衣，干过小茶房，住过田野里的小草棚，伤寒持续高烧一个多月，甚至被当作小偷抓起来……

虽然命运曲折、历尽磨难，但沧南没有丝毫抱怨。坎坷、困难、贫穷，成了他励志读书、改变命运的动力。考大学、读研；1948 年入团、8 年后入党；在追求进步的过程中，他得到不少好心人的帮助，他把“为人民服务”，当作为人处世的信条。

“我的女儿对我很好，是我对不起她。她生活困难，早些年本可以给她安排个体面稳定的工作，但是我没有。临了，也没给她留下什么财产……”听病友家属无意间说起，才知父亲在住院期间，曾多次吐露对家人的亏欠。

“他没有对不起我，他的言传身教，就像黑夜里的灯塔，照亮我走出一个又一个人生低谷，给了我战胜一切困难的勇气。这笔珍贵的精神财富，是爸爸对我，最深、最深的爱……”高玲玲说着，眼眶湿润。

最后一堂党课，来自老党员对信仰的忠贞

2022 年，沧南的身体每况愈下，精气神也远不如从前，仅下

半年就住了3次院。湘潭大学马克思主义学院党委副书记李伏清，还记得11月中旬去医院探望他时的情景。

平时，沧南称李伏清为“丫头”。得知“丫头”会来，沧南这天早早地穿戴整齐，端正地坐在床沿等待。一看到李伏清进来，他眼里闪着光，问道：“我今天的状态，怎么样？”

李伏清调皮地左右看看眼前的老爷子，点点头，说：“嗯，还不错嘛！”

这下，沧南可来了精神，挺直腰杆，说：“就是啊，我没什么病。”紧接着，又说：“我最大的心愿，就是能再给孩子们上两次党课。学生越多越好，学生多，讲课才来劲。”

李伏清没料到沧南会来这么一出，愣了一下，随即与高玲玲商量。确定沧南身体状况暂时平稳后，她立即与学校联系，将讲党课一事，安排妥当。

2022年11月19日，沧南记挂的这天，终于到了。他早早从病床上起来，由家人搀扶着，蹒跚来到住院部楼下。身旁，放着拐杖和轮椅。

不久，一辆小车停在沧南跟前，湘潭大学马克思主义学院老师彭文京，边下车边说道：“沧老，就知道您会提前等，我们特意早点赶到，结果还是比您晚了些。”沧南微微一笑，说：“没关系，这么重要的事情，我不能迟到，不能让孩子们等。”

当天，临近上午9时，车子在湘潭大学南山一阶梯旁停下。沧南走进教室，140名“00后”大学生，立即鼓起掌来。他们知道，这位特意从医院赶过来的老党员，克服身体上的病痛，只为跟他们讲讲——“信仰的力量”。

“信仰问题，非常重要，它不仅仅决定你们的工作、命运和前途，而且决定我们社会主义祖国的命运和前途。二三十年后，中国的命运和前途就在你们手上，到那个时候，举什么旗、走什么路，就看你们现在树立什么样的信仰。”沧南开门见山。

“最初，我是一个放牛娃，我的信仰就是念书。后来，我入了党，开始把马克思主义作为自己的信仰。再后来，我成了一个教书人，我的任务就是宣扬马克思主义，并为此奋斗一生。”沧南说道，“青年学子，一定要时时坚定信仰，坚定对马克思主义的信仰!”

碧泉书院·哲学与历史文化学院学生唐璨坐在其中，感触深刻。尤其是当沧南说“我相信我们的旗帜，不仅在亚洲高高飘扬，也会在世界其他几大洲高高飘扬”时，他握紧的拳头、坚定的话语，还有现场经久不息的雷鸣般的掌声，给了她心灵上的震撼。“他就像一座灯塔，闪耀着光芒。那一次才真切明白：坚定信仰、传播正能量，我们青年一辈，责无旁贷!”她说。

从建党的“开天辟地”，讲到建立新中国的“改天换地”，再讲到改革开放的“翻天覆地”，讲到新时代的“感天动地”……沧南用历史故事和自身经历，向青年学子播撒信仰的种子、传递信仰的力量。

当天，原本计划 40 分钟的课程，他足足讲了一个多小时。“讲完后，他抱着我，很开心，像个孩子，满足了心愿。”李伏清说，“只是没有想到，这居然，成了沧老的‘最后一课’。”

1995 年，71 岁的沧南从哲学系离休。“离休刚几天，他就到校关工委给学生们上党课去了，其间还做过义务辅导员。在校关工委这一干，又是 10 多年。仅党课，就讲了数百场。”湘潭大学副校长刘建平说。

在人生观、价值观多元化的今天，个人主义、自由主义、拜金主义、崇拜欧美等错误思想极易传播，有的青少年对如何树立正确的信仰充满疑惑，这让沧南十分焦虑和担忧。

“一有机会，他就讲信仰。”李伏清说，“他总是勉励学生，在生活中发扬艰苦朴素的精神，在学术中坐得住真理的‘冷板凳’，在奋斗中加强对中华民族伟大复兴事业的责任感。”

2022 年上半年的一天上午，李伏清带着几名学生，去沧南家听他讲党史故事。在讨论某个学术问题时，沧南当即提出疑问，请学生回答。不料，学生支支吾吾，半天没能答上来。这让沧南有些着急，当场发起了脾气。

爱之愈深，责之愈切。“下午，当我再去沧老家时，他一再地向我道歉，说不该没控制好情绪。”李伏清说，“离开时，他还一再嘱咐我，要让学生树立正确的信仰，要创造良好的环境，让他们沉下心学习，增强本领。”

最后一篇文稿，来自毛泽东思想研究者的坚守

沧南的书房很是紧凑，装书的柜子围在书桌和藤椅两旁，身后是一张木床。

书桌上，摆着各种书籍和资料，只在正对窗的位置，留出一小块“空地”。记者凑近一看，一副老花眼镜，放在书堆上头，旁边还有几把高倍手持放大镜，镜片直径足有 10 多厘米，厚度近 2 厘米。

“字看不太清，他就以为是放大镜不行，换了几把，其实是他的白内障，越发严重了。”高玲玲说，“他笑话自己是‘半个盲人’，还把这个称呼当作自己的笔名。手也抖得越发厉害，分把钟

只写得个把字，还是歪歪斜斜的，学生逗他，说他写的是‘舞蹈体’。”

这两年，沧南饱受病痛折磨，却依然没有停止对毛泽东思想、对社会主义建设问题的研究。2021 年至 2022 年，他分别以《论社会主义社会是一个独立的社会形态》《李达也是一位革命家》《论毛泽东反对“和平演变”及其对党建的意义》为题，在专业期刊发表长篇论文，饱含着一名研究者对理论的探讨、对现实的思考。

2023 年是毛泽东诞辰 130 周年。2022 年 3 月，沧南开始构思写一篇关于毛主席的纪念文章。于是，他重新读起了《新民主主义论》，以及与其有关的部分论著。下半年，近万字论文——《论毛泽东对无产阶级革命学说的伟大发展——为纪念毛泽东诞辰一百三十周年而作》完成初稿。

“直到住院的前几天，他还在对文章进行反复打磨与修改。”李伏清说，“老人家 99 岁高龄还在不停思索著书立说，作为后辈的我们，又有什么理由不奋进呢?”

而这，也成了沧南坐了 40 多年“真理的冷板凳”后，写的最后一篇文稿。

1974 年，湘潭大学恢复办学。3 年后，时任武汉大学哲学系教研室主任的沧南响应党中央号召，提着一口大樟木箱子，只身来潭，成为湘潭大学复校后从全国各地高校援建湘大的首批教授之一，当年他 53 岁。

当时的湘大，没有图书馆，没有教室，没有教职员工宿舍，也没有自来水和电灯。可即便是头顶蓝天、脚踩黄土，睡农家、点油灯，边劳动建校、边教学科研，沧南与其他 621 名初创者一起，在贫瘠的荒山土坡上，硬是肩挑背扛建起了一座大学城。

1978 年，沧南向学校建议，湘大哲学专业招考毛泽东哲学思想硕士生，并建立毛泽东哲学思想教研室，校党委同意了这个建议。在沧南的推动下，学校 1979 年[①]开始招收哲学专业研究生，湘潭大学成为当时全国首所培养毛泽东哲学思想研究生的高校。

沧南在国内较早进行毛泽东思想特别是毛泽东哲学思想的研究，在坚持毛泽东思想科学理论体系的基础上，拓展了毛泽东思想研究的领域，提出并建构了“毛泽东方法学”，学界评价他“开创了毛泽东方法学这一全新的研究领域”。

一生致力于毛泽东思想研究、宣传与实践的沧南，不仅在毛泽东思想研究领域成果丰硕，还培养出一大批优秀人才。在他的示范下，一代又一代湘大人接续坚守与耕耘，湘潭大学毛泽东思想研究中心成为教育部首批省部共建协同创新中心、教育部人文社科重点研究基地和湖南省首批“2011 协同创新中心”。

沧南的学生——中南林业科技大学原校长廖小平追忆自己的恩师：沧老一辈子热爱学生，育人不厌，诲人不倦，为学生燃起一盏明灯。他给记者分享了一个故事：“2022 年上半年，沧老花了 8 天时间，用放大镜为一位青年学子审读了 20 万字的博士论文。之后，老人家又花了 1 天时间，为她讲解问题所在，这位学子感动得热泪盈眶。”

湘潭大学毕业生李婷，在一次偶然的机会中结识了沧老。后因文稿的交流，两人感情愈笃。老人临终前，她一直守护在病床

① 这个时间是来源于沧南教授撰写的《沧年往事》第 94 页的第 3 段：“学校从 1979 年开始招考研究生”。经查阅相关档案资料，确认湘潭大学首届研究生招考是在 1978 年，也是全国首届招考研究生。

边，见到了最后一面。

“当时，我边哭边喊爷爷，但是，他已经听不到了……”李婷哽咽着说，“我经常想起爷爷，想起他得知我学习有进步，笑得眉眼弯弯的样子；想起他头发花白、拄着拐杖，在厨房特意炖猪蹄给我吃的背影；想起教师节那天，我因想买束花送他而迟到几分钟，他在阳台张望我的神情。他对学生，无一例外，都是这么牵挂……”

灯塔如炬，赤子其魂。桂花窗前，竹藤椅上，灯光之下，静坐桌边读书备课写作，这个定格40多年的场景，镌刻在了许多人的心里。斯人虽已逝，这个画面、这份坚守、这种精神，却也成了他们为之追寻的火炬、明灯……

（本文曾于2023年3月3日发表于《湖南日报》之《湘江周刊》）

信仰如炬　初心如磐

——追忆沧南教授

◎ 湘潭大学新闻中心

全国道德模范提名奖获得者
全国优秀教师
全国离退休干部先进个人
感动湖南十佳人物
湖南省优秀共产党员
我校原哲学系离休教师
沧南教授
于 2023 年 1 月 6 日 17 时 54 分
永远离开了我们
享年 99 岁

沧南 1924 年 5 月生（农历），安徽合肥人，原名高家贵。沧南一生致力于毛泽东思想研究、宣传与实践，在毛泽东思想研究和教学领域贡献突出，生动诠释了对党无限忠诚、对人民无比热爱、对事业无私奉献的共产党员的高尚品格。

信仰坚定的学者风骨

1974 年，湘潭大学恢复办学。1977 年，时任武汉大学哲学系教研室主任的沧南教授响应党中央号召，提着一口大樟木箱子，从武汉只身来到湘潭支援学校建设。当年，他 53 岁。

1978 年，沧南向学校建议，哲学专业招收毛泽东哲学思想硕士研究生，建立毛泽东哲学思想教研室，这两条建议均被采纳。由此，湘潭大学成为全国第一所培养毛泽东哲学思想研究生的高校。

沧南在国内较早进行毛泽东思想特别是毛泽东哲学思想的研究，在坚持毛泽东思想科学理论体系的基础上，拓展了毛泽东思想研究的领域，提出并建构了“毛泽东方法学”理论，学界评价沧南“开创了毛泽东方法学这一全新的研究领域”。

40 多年的坚守与开拓，沧南在毛泽东思想研究领域成果丰硕。出版《毛泽东哲学思想》《毛泽东方法学》《现代化视野中的毛泽东思想研究》等多部著作，在《毛泽东思想研究》《党的文献》等高级别刊物上发表《论共产党人的信仰》《毛泽东同志对辩证唯物主义认识论的主要贡献》等论文，还兼任全国毛泽东哲学思想研究会理事、湖南省毛泽东思想研究会副会长等职。

1995 年离休后，沧南对于毛泽东思想的研究、对于社会主义建设问题的研究没有停止思考。

2017 年 10 月的一天晚上，沧南在电视中偶然看到一位先生在讲解古诗词，这给了他很大启示：能不能以古诗词中提出的哲理为引子，来宣传毛泽东哲学思想呢？

沧南用了整整 14 个月时间，通读 14 本有关唐诗宋词的著作，超8000页、近500万字，每天工作学习至少8小时。2020年5月，《诗意中的毛泽东哲学》几经打磨，终于成稿，全书共9章，近20万字。

作为湘潭大学毛泽东思想研究的开创者，沧南在长期的马克思主义哲学和毛泽东哲学思想的教学和研究工作中，已培养研究生40余名，其中很多都从事毛泽东思想学研工作。经过多年的积淀，湘潭大学在毛泽东思想研究领域取得丰硕成果，毛泽东思想研究中心成为教育部首批省部共建协同创新中心、教育部人文社科重点研究基地和湖南省首批“2011协同创新中心”。

赤诚满怀的师者风范

作为复校初期的首批教授，沧南在湘大辛勤耕耘，成为学校建设发展的参与者、见证者，生动诠释了“牢记嘱托、艰苦创业、追求卓越”的湘大精神。

复校初期的湘大，条件非常艰苦。沧南与来自全国近100所高校的600多名教师，一边劳动建校、一边教学科研，心中只有一个愿望，就是牢记毛主席嘱托，把湘潭大学办好。

来湘大前，沧南已经有了一个很不错的工作和生活环境。1952年7月，他从中国人民大学经济系毕业，留校任哲学教研室助教、讲师。1959年6月调武汉大学哲学系任教，就已先后任哲学教研室副主任、主任。但沧南毅然放弃了原来优厚的工作和生活条件，来到湘大，并在湘大工作的第三年，就把家人接了过来，从此定居在湘潭，扎根在湘大。

沧南说，牢记伟人嘱托，传承湘大的红色基因，既是使命，也是责任，把湘潭大学办好，是湘大精神的灵魂所在，更是所有湘大人的初心。

作为一名人民教师，沧南很好地兑现为了党的事业教书育人的崇高使命。作为湘大第一批带硕士研究生的导师，沧南培养了一大批优秀人才，他们中有省部级领导干部、有高校校长、有企事业单位高层，更多的是在高校从事马克思主义理论研究的学者和教授，无论在什么岗位，都已成为单位的核心骨干力量，都继承了沧南提出并始终践行的共产党员的“精气神”：坚定马克思主义信仰，忠于党和人民的事业，全心全意为人民服务，永葆共产党员的初心本色。

2021 年湘大一位哲学系校友在朋友圈转发《听沧南讲党史故事》中写道：“发白了、背弯了、眼花了，皓首穷经的学术生涯中，今年已 97 岁高龄的沧南教授一生深耕毛泽东思想和党建研究，也过着平静而充实的生活。犹记得，自己大一时的第一堂党课，沧南教授对我们的谆谆教诲。他说，一个人能否生活愉快，关键是要心态好，心胸要开阔，并且拥有一颗平常心，青年一代尤其要有一股激情，对自己、对生活、对国家的激情。桃李不言，下自成蹊。在湘大，听过沧南老师课的学生，无不感怀他的学问高深、品格高尚、信仰坚定。”

永不褪色的党员风采

“青年必须时时坚定信仰，坚定对马克思主义的信仰。我就是个放牛娃，是在中国共产党的教育下培养出来的，什么也不能动摇我信仰的决心和力量！”2022 年 11 月 19 日上午，南山一阶梯教室，沧南向 140 名“00 后”大学生深情讲述“信仰的力量”，以一生的经历和故事，给予了在场所有师生榜样力量和启示。

“共产党人只有一种人生观，没有离退休后的第二种人生观。在职也好，离退休也罢，都要为实现共产主义和人民的彻底解放而奋斗。”沧南 2017 年写在《沧年往事》一书中的这段话，是他的奋斗理念，也是他的真实写照。

1995 年 6 月，沧南从哲学系离休了。离休刚几天，他又到校关工委给学生们上党课去了。

在校关工委一干又是 10 多年，除了给党校和其他院系学生讲党课外，沧南还在公共管理学院 2005 级公共事业管理班做了两年辅导员工作。沧南用自己的亲身经历与同学们摆事实，讲道理，引导青年学生树立正确人生观、价值观、世界观，该班于 2008 年被评为湖南省先进班集体。沧南 2003 年被评为全国教育系统关心下一代先进个人。

与此同时，沧南这些年来一直在坚持默默地做一件事。

“捐这点钱是我的小小心意。”2022 年 4 月 27 日，沧南在女儿的陪同下，来到学校离退休工作部，将 3 万元现金捐赠给湘潭市社会福利院，希望能帮助有需要的人。

这不是老人第一次献爱心了。

除了教书和研究，沧南最大的爱好是集邮。1949 年起，他坚持每个周末去邮局买邮票。攒了 60 多年的两大箱邮票，却在 2014 年被悉数卖掉了。2015 年 11 月 21 日，沧南将卖掉邮票所得的 20 万元全部捐给哲学系，资助家庭经济困难学生。

得知老师把邮票卖掉，毕业多年的学生们深受感动又担心老师生活困难，凑了一些钱交给沧南。沧南怎么都不肯收，最后学生想办法把钱留下了。2018 年 9 月 5 日，沧南把这些钱又捐出去了，以“湘大人”名义捐款 20 万，奖励和资助学生。

2020 年沧南前后共捐款 3 万元支援抗疫，理由朴实无华："麻烦你们给抗疫前线的同志买点口罩。"

在捐款上"阔绰"的沧南，在生活中却很"抠门"。

东坡村 9 栋，建于 20 世纪 70 年代末。3 单元 2 楼，一户 90 平方米的教工宿舍，是沧南的家。

客厅里摆着陈旧的沙发和矮柜，墙上机壳泛黄的空调，是 2000 年添置的，换了好几次制冷剂，沧南还舍不得换台新的。卧室也是书房。当年从武汉带来的书桌，有许多虫蛀的小洞。床上叠放着一件灰色棉袄，这是他最常穿的冬衣，还是 1982 年买的。20 世纪 90 年代，学校想让沧南搬进新楼，他听说有位老师患了哮喘想住新房，就把房子让了出来。

君子忧道不忧贫。多年来，沧南自甘淡泊清贫，始终保持着艰苦奋斗、勤俭节约的本色。自 1981 年在东坡村住下，沧南再没搬过家。桂花窗下，竹藤椅上，静坐桌前读书备课写作——这个场景定格 40 多年。

斯人已逝，精神长存。

沧南教授千古！

（本文曾于 2023 年 2 月 28 日刊发于《湘潭大学报》之《纪念沧南专版（1014 期）》）

灯塔的光芒，生生不息闪耀

——记沧南教授遗体送别仪式

◎ 周 倜*

1 月 8 日，湘潭市殡仪馆天慈厅，中国共产党的优秀党员，我国著名毛泽东思想研究专家、湘潭大学原哲学系主任沧南教授遗体送别仪式举行。

哀思绵绵，缅怀无尽。人们踏着沉重的步履而来，手持淡雅的白菊，早早在厅外等待，胸前佩戴的白花，在寒风中摇动。人群中，有沧老生前好友、同事、学生。

一片沉默，藏不住巨大的悲恸，此时和煦的冬阳，似乎是那么刺眼。

上午 9 时，遗体告别仪式正式开始。200 余人缓慢走进会场，和敬爱的沧老做最后的告别。正厅上方悬挂着黑底白字的横幅“沉痛悼念沧南同志”，横幅下方是沧南同志的遗像。

照片里的老人，精神矍铄，笑得慈祥温润。如今阴阳两隔，人们矗立于遗像前，悲从中来。会场哀乐低回，被剧烈的悲伤

---

* 周倜，华声在线全媒体记者 。

笼罩。

“沧海横流，英雄本色，参加革命，忠诚教育，人大武大湘大育桃李，桃李芬芳誉华夏，而今百岁去；南天一柱，师德楷模，教书育人，扎根中华，京师珞珈秀山铸春秋，春秋永驻满乾坤，展望百年来。”遗像两旁悬挂着挽联，74 个字，浓缩老人厚重的一生，道尽老人 99 年芳华。

会场正中央，沧南同志的遗体安卧在鲜花翠柏丛中。此刻，他身上覆盖着鲜红的中国共产党党旗。

这抹鲜红，是对沧老最崇高的敬意！这位真正的共产主义战士，用毕生付出，兑现了 1956 年入党时曾许下的铮铮誓言——“要做一名名副其实的，为共产主义事业奋斗终身的战士！”

画面帧帧，往事重重。会场一侧，循环播放着沧老生前宝贵的影像资料。人们静立于会场，静默地观看，回忆更是瞬间翻涌，数度落泪，悲伤无言。

白花如雪，挽词如泣。沉重的悼词，回顾了沧老漫长而厚重的一生。人们低头默哀，用心聆听，再次感受沧老的力量。

言语不多，字字沉重。“亲爱的爸爸，您安息吧！您的一生，是不忘初心、矢志不渝、淬炼成金的一生，女儿会永远记得您的教诲。”沧老之女高玲玲数度哽咽，她强忍悲伤，一字一句向挚爱的父亲诉说着万分不舍。

“爷爷！爷爷！您一路走好！我会永远记得您……”当人们缓步向前向沧老做最后的告别，湘潭大学毕业生李婷再也忍不住悲痛。昔日在湘大求学期间，她曾参与采访沧老，聆听他的故事，从此在学校里多了位和蔼可亲的“爷爷”。

老人临终前，李婷一直守护在病房外，见到了最后一眼；如今最后的离别在即，她紧紧地抱着沧老家人，久久不愿离去……

“追忆过往，唯有继承爷爷的崇高精神品质，在自己的岗位上好好做出成就，才是对爷爷最好的祭奠。珍藏美好回忆，化悲痛为力量，以爷爷为榜样，矢志不移，做出成绩来！”告别仪式现场，记者收到了沧老昔日弟子胡伟强的微信。虽身在外省，但师爷离世的消息让他辗转难眠。“如果可以，请代我在灵前鞠三躬，我早上在家放照片祭拜了，还是因无法到现场感到遗憾。”微信对话框里，透着他无言的思念与哀伤……

置身会场，《湘潭大学学报（哲学社会科学版）》主编、马克思主义学院教授、博士生导师颜佳华难掩悲伤。20 世纪 80 年代成为沧老弟子，而后追随老师从事马克思主义思想研究，这些年，师恩从不敢忘却，老师的殷殷嘱托、谆谆教诲他始终铭记在心。“他扎根湘潭大学 40 年，为湘大的发展奉献了全部力量。作为学生，唯有学习好、传承好他的高尚品德，无私奉献的作风，在工作中做到兢兢业业，认真教书育人，潜心科学研究，才是对老师最好的怀念。”

“读书期间，虽然那时候沧老已经退休了，但我经常听他的报告，读他的文章，上他的党课。”湘潭大学党委委员、副校长盛明科回忆起那些点滴，红了眼眶。“他永远激励着我们，时刻提醒着我们，要心在课堂、爱在学生、行在育人。”

湘潭大学门口的那排香樟树，依旧矗立在那里，无言见证着沧海桑田，世间万变。40 多年前，沧南和同事们亲手种下的它们，拔节而起、向阳而生，如今四季常青、枝繁叶茂。

“这些啊，以前都是小树苗。我老了，可你们还很年轻，中国的未来，取决于现在的你们，树立什么样的信仰。”去年秋天和沧老散步的回忆，瞬间涌上记者心头，泪水再次夺眶而出。

曾和老人促膝长谈，曾围坐一桌吃顿家常饭，曾收到老人送的自传，曾送给老人亲自挑选的相册……

再次回想，意难平！

好在，沧老换了另一种方式继续陪伴我们——他生前的所有书籍将会全部无偿捐赠给湘潭大学马克思主义学院；他生前所有手稿将会装订成册集中出版……他化身灯塔的光芒，将生生不息闪耀；他变做厚重的大书，继续赐予后辈源源不断的力量。

沧老，一路走好。

（本文曾于2023年1月8日发表在华声在线，有删改）

下篇

然湘水泱泱　得浩然且长

青春向党，听爷爷讲党史故事

为更好地整理沧南教授的思想成果，记录建党百年的历史史料和大思政大先生风采，激发学生学党学史和学习模范精神的热情，我们于 2022 年 9 月开展了“听沧爷爷讲故事”活动。

通过认真聆听沧南教授的交谈，整理口述材料，为马克思主义理论的完善和发展添砖加瓦，丰富建党百年的历史史料，整理大思政工作思路，并使团队成员能在本次实践活动中受到沧南教授爱国情怀的熏陶和追求真理、终身不渝的精神感召，在团队合作中积累经验、锻炼自身、提高素养、提升能力。

沧南的“我执”

（今天）不是讲课，就谈谈自己的体会。

我是1948年5月在北平（今天的北京），入的朝阳学院的共青团，当时的入团条件呢，就一个，就是反对国民党，要民主，反迫害。因为我是放牛娃出身，看不惯西装革履，当时物资短缺，物价暴涨，我们强烈不满，所以每次游行我都摇旗呐喊，冲在前面。有一次游行，国民党军人不让我们前进，鸣枪示威，大家都趴在地下，我就非常勇敢地起来把小乞丐、小朋友组织起来，指挥他们唱《团结就是力量》。我当时姓高，叫高志坚，我同班同学在地下团，他说“高志坚我们谈谈吧”，我说“好”。1948年5月，他说“我们看你每次游行都很积极，摇旗呐喊，不错，反对国民党，靠你一个人反对怎么行呢？要参加一个组织”，我说“什么组织？反不反国民党”，他说“是共产主义青年团，你参加不参加”，我说“我愿意参加”。他说让我写一个简单的自传，我就写了一个。我记得交给他的时间是1948年5月，当时斗争很复杂，是单线联系，只知道自己的上级是谁，其他人都不知道。国民党抓我，我如果背叛了团，也只能交代他，不会涉及其他人。没过多久，团组织就告诉我，我的名字已经上了黑名单，需要赶快离开北京，我就问“到哪儿去”，他说“到冀中（河北简称‘冀’），冀中解放区去，马上就得走，要抓紧”。我当时住在同学家里面，就告诉我那个同学的母亲说“我明天就要走”，她问“为什么要走这么快”，我说“我的名字上了国民党的黑名单”，她说“你走就好”。第二天我就走了，第一站是沧县，就是《水浒传》里林冲发配的那个沧县，到那里要改名字，我本来姓高，叫高志坚，我说改什么名字呢，我想我是南方人，安徽的，我就改了叫“沧南”。

新中国成立以后，我到了北京，教育部发布了一个通知，愿意改回原来的名字，写一个报告就行，我寻思叫高志坚也是名字，叫沧南也是名字，就叫沧南好了，所以一直叫沧南。我是 1948 年 5 月入团，到今年（2022 年）大概有六七十年了。根据我的个人经验，我想谈两个问题，跟同学们来分享。

第一个问题，这个问题根据经验，我想讲两点。你们进湘大有两个任务，一个任务是学习科学知识，掌握为人民服务的本领；第二个任务是学做有理想、有信念、信仰社会主义的人。同学们现在的学习环境很好，不像我那时候。我是 13 岁出来，穿百家衣，吃百家饭成长起来的。你们现在很安静，有这么大一个教室，我来的时候是 1977 年，什么东西都没有，只有湘潭大学的名字，不见湘潭大学任何东西，没有图书馆，没有教室，没有员工宿舍，没有电灯，没有自来水，这栋教学楼也是后来盖的。我们刚到湘大，就开始盖第一教学楼，修盖好了以后，美国有个参观团到学校来参观。因为刚刚把房子盖起，没有树，就赶快买了几棵大桂花树，栽成一排。你们现在在这么好的环境下，要好好学习。我13岁离开父母，离开家，就在外面流浪，目的就是念书，所以我觉得你们现在第一个任务就是学习，掌握为人民服务的本领。怎么学习呢？我觉得毛泽东学习有几个方法、几个特点值得我们很好地借鉴。毛泽东学习，第一个字就是“博”，“博士”的“博”，就是博览群书，毛泽东不仅学习马克思、恩格斯、列宁、斯大林的著作，学习政治学、政治经济学、科学社会学，还对历史情有独钟，他通读了《二十四史》，就是《史记》《新唐书》《旧唐书》，一直到明朝末年。明朝末年的皇帝是谁啊？（学生回答：崇祯）对，是崇祯，闯王进入北京，他吊死在煤山。毛泽东不仅学习社会科学、自然科学，还学习佛教的经典。他每次出去调查研究，都要带几大箱书，其中就有佛教的经典——《六祖坛经》，就是唐朝的慧能（也叫惠能）和尚留下来的，《大般涅槃经》《法华经》等。（我在医院里面，什么材料都没有，只是凭记忆想的，有些书名、日期记不得了）①，所以他读书范围非常广，博览群书，什么书都读。他还学习自然科学，当时日本有个科学家，姓什么我记不得了，说原子可以分裂，毛泽东就召开了一个会议，

---

① 当时沧南教授正在中心医院住院，湘潭大学马克思主义学院党委副书记李伏清去探望时，沧南教授坚持要如他所愿，还要给同学们上两次课，要求学生越多越好，希望能和同学们谈谈信仰。当时恰逢马克思主义学院团课结课，就有了这次团课的安排。沧南不到8点就在医院住院部楼下等候，充分体现了沧老对学生的关爱和对讲台的那份挚爱，敬业精神让人敬畏！

专门讨论这个。① 毛泽东讲科学家应该是辩证唯物主义的，所以他读书非常广。联系到我们自己，就钻研那么几本书，这是非常不够的。我是哲学系的，后来读经济系的研究生，就是读《资本论》，马克思的政治经济学，但就学那几本书，还远远不够。我们学习时是苏联专家教，考试的时候放一本新的《资本论》到这儿（课桌上），他就问你“原词记录在哪一页”，你都要回答对，回答对了就是五分，回答不对就不计分，所以我能感觉到，你们现在读书的知识面很窄，我希望你们抓紧读书，不要只读专业相关的几本书，那几本书肯定要读，但是覆盖面要更广一些，要涉及经济、历史，还要看看小说，这是第一点。

第二点呢，就要学会做有信仰的社会主义者，这里我就想着重讲讲“信仰”。“信仰”是一个常用词，经常听到人们说“某某某有宗教信仰”“共产党员要有信仰”，我觉得并不是人人都理解信仰这个词的主要内涵。我觉得信仰，应该起码要包括三个方面的内容：

---

① 关于原子分裂方面的学说，笔者能了解的情况如下：奥地利的梅特纳和其侄子弗瑞士于 1939 年 2 月在《自然》杂志上发表了他们关于铀原子核分裂的报告，首先创造性地采用了“原子分裂”这个科学史上从来没有过的名词。1944 年，哈恩因为发现了“重核裂变反应”，荣获该年度的诺贝尔化学奖。遗憾的是在这一研究中曾经与其合作并作出过重大贡献的梅特纳（女）和斯特拉斯曼却没有获此殊荣，1966 年，梅特纳博士和哈恩博士，还有斯特拉斯曼博士共同获得瑞典原子能委员会颁发的 5 万美元的“恩里科·费米奖”。1970 年，有一位美国科学家报道说，他借助扫描电子显微镜第一次观察到了单个的铀和钍的原子。1978 年 2 月，日本一位科学家宣布，他们用具有超高度分辨能力的电子显微镜拍摄了世界上第一张原子的照片，看到了几种原子的图像。

1955 年 1 月 15 日，毛泽东主席在中南海主持召开了中共中央书记处扩大会议，著名地质学家李四光、著名核物理学家钱三强及地质部副部长刘杰，到会就我国当时的核科学研究状况，铀矿资源以及核反应堆、原子弹原理等方面的问题作了专门汇报。在这次会议上，原子能事业被排上了新中国建设的时间表。1964 年 10 月 16 日下午 3 时，我国在西部地区新疆罗布泊核试验场上空成功爆炸了第一颗原子弹。笔者不确定沧南教授是否指的是这次会议，也不确定所提的日本科学家具体所指。

第一，要“笃信”，竹字头下面加个马字，笃信，就是一心一意。某种主义或者某种思想体系是客观正义的，而且有利于国家和人民，这种信仰不是被迫的，而是自觉的，不是单纯地信仰其中某一原理原则，不信仰某些原理原则。这就是说，不论在什么时候，在什么条件下，在什么问题上都要坚持信仰，矢志不渝。我举个例子，李达本来是学习理科的，学习了3年，考取了留学日本的公费生。有两个人考试，他考了第一名，可见理科学得还不错。到了日本，他就先看了《资本论》、马克思的《〈政治经济学批判〉导言》、列宁的《国家与革命》，越看越想看，觉得马克思的学说对中国、对中国人民都很有好处，所以他就放弃了研究理科，攻读马克思主义。李达是自觉自愿的，我们共产党员加入共产党，是多次口头申请、写报告要求入党，然后经过支部讨论入党，是自觉自愿的，不是被迫的，不是盲从的，而是理性的结果，是学习的结果，这叫“笃信”。

第二，要“力行”，就是要实践。信仰不是坐而论道，脱离实际空讲大道理，而是要力行，要实践，要把信仰的变成自己言行的准则，不管别人怎么劝说，怎么批评，甚至镇压，也不能丝毫动摇我信仰的决心和意志。举个例子来说，1935年方志敏北上抗日，在途中遇到敌军，由于叛徒告密，方志敏不幸被捕。[①] 他在

① 方志敏（1899年8月21日至1935年8月6日），无产阶级革命家、军事家、杰出的农民运动领袖，土地革命战争时期赣东北和闽浙赣革命根据地的创建人。1935年1月27日，在江西省玉山县怀玉山区被俘，囚于南昌国民党驻赣绥靖公署军法处看守所，严词拒绝了国民党的劝降，实践了自己“努力到死，奋斗到死”的誓言。1935年8月6日，方志敏同志被秘密杀害于江西省南昌市下沙窝，时年36岁。在江西南昌国民党军法处看守所阴森的牢狱里，方志敏写下的《可爱的中国》，洋溢着无法阻挡的光明与希冀。在狱中，他顽强不屈、坚持写作，为后世留下《清贫》《在狱致全体同志书》等近14万字的著作。2018年，电影《信仰者》上映。影片真实还原了方志敏和战友们在辗转突围、深陷高墙的逆境中，坚持信仰，始终与敌人作斗争的事迹。

狱中写遗嘱时记录了这么几句话，“我们共产党人和你们国民党、法西斯势不两立”“你可以砍下我的头颅，但是你丝毫不能动摇我信仰马克思主义的意志和决心，我的信仰像钢铁一样的坚韧”①，这就是我们烈士在敌人的屠刀下对信仰坚忍不拔、临危不惧的英雄气概，这种气概值得我们永远学习。信仰是思想精神的东西，它自身不能变为现实，要靠信仰者在群众当中传播，发动群众、组织群众，形成一支浩浩荡荡的百万大军，同反动势力进行斗争，在斗争过程中逐步地把思想的信仰变成客观现实。我们党就是这样的，在农村斗争了 28 年，逐步把社会主义变成了现实，所以信仰第一要笃信，第二要力行。

第三，要敢于斗争、不怕牺牲，这三个内容不能缺少一个。笃信，动真格的，敢于斗争、不怕牺牲既说明了什么是信仰，也说明了怎样实现信仰，我认为信仰就是理论和实践、言和行的统一，这是第一个问题。

第二个问题呢，革命青年、共产党员必须时时坚持信仰，信仰就是我们的精神支柱，就是共产党员的灵魂。就这点来讲，不论在过去、现在还是将来，坚持信仰都是我们党的优势。我们能在艰苦卓绝的条件下，从井冈山奋斗出来，爬雪山、过草地，最后走到延安；在解放战争时期，东渡黄河，到河北平山县西柏坡，再到北京，引导全国各族人民推翻压在自己头上的三座大山，靠什么？靠党的领导，靠人民的支援，靠广大共产党员对马克思主义的信仰。1949 年，中华人民共和国成立，蒋介石败退到台湾，

① 原文为：“我们与你们反革命国民党是势不两立的，你法西斯匪徒们只能砍下我们的头颅，绝不能丝毫动摇我们的信仰！我们的信仰是铁一般的坚硬的。”

负隅顽抗，丢下了一个千疮百孔的烂摊子，当时通货膨胀的问题很严重，上午买一袋面粉是多少钱，下午买一袋面粉可能就用秤称“票子”。当时我们还面临着抗美援朝的问题，没有钱；国民经济恢复了，小米加步枪的中国，打败了大炮加飞机的美帝国主义，使得美国坐下来进行和平谈判。所以，当时那么困难，靠什么来解决问题呢？同学们想想，靠什么？（接下来铿锵有力，举起伸出食指的右手在空中比画）靠党的领导，靠人民的支援，靠广大共产党员的马克思主义信仰，只有坚持信仰才能进行社会主义革命和社会主义建设。我们党搞了20多年革命战争，在这方面很有经验，有一套办法，有一套政策，但是对建设社会主义没有经验。尽管在社会主义建设当中犯了这样和那样的错误，但是中国人民已经在社会主义制度下堂堂正正地站立起来了，而且那个时候的社会主义，按照毛泽东的说法，是不发达的社会主义，可就是在那样的环境下，我们完全靠自力更生解决问题。最后呢？（开怀一笑）卫星上了天，原子弹、氢弹爆炸，我国的综合实力日益增强。

习近平总书记在党的二十大报告中明确提出：“从现在起，中国共产党的中心任务就是团结带领全国各族人民全面建成社会主义现代化强国、实现第二个百年奋斗目标，以中国式现代化全面推进中华民族伟大复兴。”到了2049、2050年，我们就可以理直气壮地、自豪地说：“社会主义的优越性充分发挥了。”同志们是研究马克思主义的，马克思主义非常丰富，但是归结起来，我觉得就两条，第一条，同私有制实行彻底决裂，彻底消灭私有制，建立公有制；第二条，要同在私有制基础上形成的思想、观念、作风实现彻底的决裂，消灭个人主义，建立集体主义。如果我们的干部真正做到这一点，真正坚持了信仰，实行两个决裂，我想贪污腐败行为就不会有了。（因为我最近身体不舒服，在住医院，所以我讲的这个内容说明、日期都没有查的，都是凭自己记忆的，所以不一定正确，但是大致差不多。）我记得 1958 年 3 月 18 日，毛泽东同达赖喇嘛谈话，他说，“你是搞佛教，我是搞马列主义，我们也有共同点，笃信方面有共同点的，佛教是普度众生，国家解放劳苦大众，就这一点来讲，我们是一致的，可以讲统一战线”。①

我之所以讲信仰，就是因为年纪大了，感觉到这个问题非常严重，它不仅仅决定你们的工作、命运和前途，而且决定我们祖国的命运和前途，祖国的未来就取决于你们现在树立什么样的信仰。20 年后，中国的党政大权就在你们手上，那到了那个时候，举什么旗、走什么路，就看你们现在树立什么样的信仰。我现在 99 岁了，明年就 100 岁了，由于年纪大，想的事情多，就一直在想这些问题。毕竟我是一个放牛娃，是在党的教育下培养出来的，我经常跟同志们讲，我有三个没想到：第一个没想到，一个放牛娃，在抗日战争当中是个流亡学生，在党的培养下成了一名人民

---

① 这次谈话内容暂时不确定。1954 年十四世达赖喇嘛、十世班禅额尔德尼联袂进京参加第一届全国人民代表大会，1954 年 9 月 11 日，毛泽东主席接见了十四世达赖喇嘛和十世班禅额尔德尼，同他们进行了亲切的谈话。1955 年 2 月 24 日，毛泽东主席、刘少奇副主席、周恩来总理与十四世达赖喇嘛、十世班禅额尔德尼共度藏历年。1955 年 3 月 8 日晚 9 时，毛泽东曾同张经武、汪峰一起看望达赖喇嘛，并同他谈话。讲到佛教和共产党人的差异时说：“佛教的创始人释迦牟尼是代表当时在印度受压迫的人讲话的。他主张普度众生，为了免除众生的痛苦，他不当王子，创立了佛教。因此，你们信佛教的人和我们共产党人合作，在为众生（即人民群众）解除受压迫的痛苦这一点上是有共同之处的。”（《毛泽东年谱（1949—1976）》第 2 卷，中央文献出版社 2013 年版，第 360 页）

教师，没想到；第二个没想到，我能够活到99岁；第三个没想到，日子越过越好，越来越幸福，我真的想再活100年。有的时候心里想得很焦急，所以我有机会就讲信仰，把我们党的誓言就这么继承下去，走到共产主义，完成我们肩负的一身任务。所以我昨天在医院的时候就想，一定要讲信仰这个问题，原因就在这。我是个放牛娃，能够活到今天，当了个教师，有这么个机会，就想讲讲信仰问题，谢谢同学们。

2022年11月19日，沧南教授于南山一阶给马克思主义学院学生上“最后一堂课”

沧南讲述伟大领袖毛泽东的精神风范和人格魅力

同志们，上午好。在（党的）百年华诞的前夕，我来讲一讲，毛泽东的生活小故事。

一辈子不搞特殊化

我是这样想的，一个共产党员在一个时期做到不谋私利、不徇私情、全心全意为人民服务，做到不搞特殊化、读几本书，这个并不难。难的是做一辈子。

毛泽东讲，共产党人就是要做难以做到的事。毛泽东不仅自己这么做，而且教育自己的小孩、亲戚也这么做。他一个女儿叫李讷，一个女儿叫李敏。李讷考上北大历史系后，毛泽东就同她们提出三不许：一，不许坐小车子来回接送，送你们上学校，接你们回来；二，不许和同学和老师讲，你们是毛泽东小孩；三，不许随意请假回家。学校不放假、不是星期六下午你们不能回来。三年困难时期菜都没有，更不用提肉、鱼之类的，饭都不够吃。特别是像李讷这样的青年人，饭不够吃，经常饿肚子，脸色也不好看。她就同李银桥说："叔叔，我饿，（肚子）老是咕咕叫。"李银桥说："我给你搞一包饼干来。"李银桥就拿了一包饼干给她，李讷接过饼干就拼命吃。结果江青把这个事情告诉了毛主席，毛主席非常生气，又把李银桥叫去，问"你为什么送饼干给李讷?"李银桥说，"我给别人家也送了饼干。"毛泽东说，"别人家可以送，我的小孩一块也不能送，不能搞特殊化。"类似的例子很多，现在我讲一个他送儿子毛岸英上战场的故事。1950 年，美帝国主义侵占朝鲜，就迫使我们打一场抗美援朝的战争，实际上是中国同美帝国主义打了一仗。毛岸英知道了，就到司令员彭德怀那里去，要报名参加抗美援朝。当时包括江青在内，听到这个事情都向毛主席去反映，说岸英有重要工作，不能去朝鲜。毛主席讲："毛岸英是我的儿子，他不去，全国人民谁去?"于是，毛岸英就参加了抗美援朝。（1950 年）11 月 25 日，牺牲在朝鲜战场上。毛泽东讲："战争总要付出代价的。不能因为毛岸英是我的儿子，就不为中朝人民共同事业而牺牲。"毛岸英的妻子叫刘思齐①，她很想把岸英的遗体搬运回来。毛泽东说："青山处处埋忠骨，何须马革裹尸还? 就让岸英同千千万万抗美援朝的战士，安葬在朝鲜的土地上。"

---

① 刘思齐（1930 年 3 月 2 日—2022 年 1 月 7 日），又名刘松林，出生于上海，毛岸英的妻子，刘谦初烈士和张文秋的女儿。1949 年 10 月 15 日与毛岸英在中南海结婚。朝鲜战争爆发后，毛岸英参加志愿军赴朝，但是毛岸英对刘思齐说的却只是去执行任务，1950 年 11 月 25 日不幸牺牲。可是自始至终，刘思齐一直蒙在鼓里，直到三年后，她才知道毛岸英当时出差去的地方是朝鲜，而毛岸英已经牺牲在了朝鲜战场。1962 年 2 月，刘思齐与空军学院教员杨茂之结婚，生有两子两女，其中长子叫杨小英，是为怀念毛岸英起名的。刘思齐再嫁后，为了不让人们以毛岸英遗孀特殊对待而改名刘松林。她曾对人解释说，这个名字是随便起的，没有什么特殊意义，但是，大榆洞毛岸英牺牲地恰是一片松林。

不论是在战争时期，还是在和平建设时期，毛泽东始终坚持艰苦奋斗这个作风。1949 年进城以后，生活条件改善了，但是毛泽东过的粗茶淡饭的生活没有改变。进城以后，他做了一件春秋穿的睡衣，穿了 10 多年，破了就补，补了又穿，穿了又破再补。工作人员就说："主席你这个衣服太破了，不好穿了，做件新的吧。"毛泽东不同意，说旧的能够补补穿穿就行了，旧的穿得还舒服一些，后来一共补了 73 个补丁。抗日战争胜利以后，蒋介石 3 次电报邀请他到重庆去，提出国共两党进行和平谈判。（1945 年）8 月 28 日，毛泽东、周恩来、王若飞一块到重庆去。28 日下午，郭沫若去看毛泽东，看见毛泽东没有手表，就把他手上戴的手表送给毛泽东，毛泽东非常珍惜这块手表，一直戴到临终时。在几十年过程当中，表带表壳都换过，只有表芯是保留着的，一直戴了 30 多年。

毛泽东生前说过："饭可以一天不吃，觉可以一夜不睡，可是书不能一天不读。"他认为学习有三个特点。一是博，博览群书，什么都看。1958 年，他出去调查，张治中陪同一块坐车。有一天，张治中在火车上看到毛泽东正在聚精会神地看一本书，就问道："主席你看的什么书？"主席说是冶金学。张治中就问他，"主席，你怎么看这种书？"他说人的知识面总要广一点。第二个特点就是边看边想边记录。所以毛泽东读的书，写了很多眉批。现在已经出版的，有《毛泽东哲学批注集》，里面都是他看哲学书的时候的一些观点，其中有很多新思想，《矛盾论》《实践论》实际上就是批注集进一步充实和发挥得来的。特别令人感动的是，在 1954 年，他已经 61 岁了，年过花甲，还在学习英文。他有个秘书，是个英文秘书，也是他的英文老师，毛泽东学英文非常用心，非常刻苦。休息的时候学英语，睡觉之前学英语，醒来之后学英语，散步的时候拿一本英语书学英语，就这么学。第三个特点，他主张三复四温，特别是对宋词。他写某年某月读，某年某月再读，都记上。

毛泽东就是用他的伟大而平凡的一生，书写了6个光彩夺目的大字：中国共产党人。我说你们到学校来，不外乎两个目的：一个是学知识；一个是学做社会主义接班人，一定要树立远大的理想，树立对马克思主义的坚定信仰，这不仅关系到你们的前途和命运，而且关系到祖国的前途和命运。

2021年4月30日，沧南教授和湘潭广播电视台剧组一起拍摄《听爷爷讲党史故事》节目

屡战“不败”，沧南笑谈求学、入党二三事

学生：爷爷您年轻时候的求学历程还记得吗？可以讲讲您求学的故事吗？

沧老：1946 年我 22 岁，考取了国立东北大学（今东北大学前身）中文系。因为迟到两天，不准报到，注册学籍被取消了。东北大学在沈阳，我是 1946 年 10 月考的，它要到 1947 年才发榜，考完我就回到北京同学家里去。到 1947 年，那边来电报，说我录取了。电报到我手上已经过了两天了，最后要确定去不去，我说还是去，又到沈阳去报到。因为学校是国立的，什么钱都不要，但是我迟到了两天，学籍被取消了。1947 年我就在北京考上了朝阳学院（中国人民大学前身），朝阳学院法学最厉害，那时候有句俗话，叫“无‘朝’不成‘法’”，就是每个法院都有朝阳的学生，我考的是经济系。因为我出身贫寒，是一个放牛孩子，对国民党的政治腐败、社会黑暗、特务横行看不惯，所以一上学就参加了学生运动，摇旗呐喊。刚开始进学校时，就遇到了很多有进步思想的同学，给我留下了很深的印象。我是 1947 年下半年

开始搞运动，到 1948 年上半年，还是大一下学期吧，团组织就找我谈话，说："你上学期表现很好啊，反对蒋介石很好啊。但是你一个人反对不行呢，你得参加组织。"我说："是什么组织，反不反国民党。"他说："当然呐，共产主义青年团。"问我参不参加，我说参加，让我写个自传给他就参加共青团了。后来大概到 8 月份，国民党就在报纸上登了一条消息，说现在要逮捕 11 个大学的学生，称他们是"共军的学生"，包括我们学校的在内。国民党宪兵就把学校包围起来，我们十几个人把守大门，用课桌把大门顶起来，但没注意后门。"特务"从后门把宪兵带进学校去，抓了 5 个人。消息传到我们这里，我们就把那个"特务头子"包围了起来。数落"特务头子"："为什么要抓他，难道国民党社会这么黑暗，政治腐败，不该反对吗?"两个宪兵把他架着跑走了。当时（同学里）我胆子是最大的，我跑上去一砖头砸过去，就把那个宪兵的钢盔砸掉了，那个时候我一点都没害怕。天也快黑了，同学们都走了，大门后门都有宪兵把着，只准进不准出。发展我的那个同志叫晓波，后来有没有改名我不知道，我只知道他叫晓波。他让我不要怕，跟他走。因为是他发展我的，我只认识他。他让我天快亮的时候翻墙跑出去，跑出去后他说："你还是住到你同学家里面去，过几天有个'王先生'来找你。要记得是'王先生'，一切听他安排。"我就天天在（同学）家里面看书。过几天又有人敲门，我去开门。他说："我是'王先生'"。这个暗号就对上了。我说你进来好了，他说他不进来，还有好多事情要做，要去传达消息。他说现在内部消息传出来，我的名字上了黑名单，组织上要我马上离开北京。我问到哪去，他说到冀中解放区去，就是石家庄一带。另外给了几百块钱当路费。他说："明天你们走，先到天津，到联络站住一夜。一切活动由联络站安排。”第二天我就走了，直接去了解放区。

听说你们问我为什么改了名字。我本来姓高，叫高志坚。最初叫高家贵，家庭的家，家和万事兴嘛。因为我在原来上的那个学校晚上看书时，点了蜡烛睡地铺，结果把蜡烛打翻了，把被子烧着了，几乎酿成火灾，学校把我开除了。开除后我就改了名字叫高志坚。后来又去考试，考上了芜湖芜关中学徽州分校。因为（当时政策）沦陷区的学生只要考上学校，一切费用就免了。当时全国青年大多跑去了延安，国民党看到这一点，想办法争取青年，所以就出了这个政策：凡是沦陷区出来的学生，只要考上中学、大学一切费用全免。我就是因为这个（政策）才上了学，否则我一个放牛娃到哪里去搞钱（上学）呐。再后来就是组织让我赶快离开北京，到冀中解放区去。和我同行的还有一个人，到天津联络站里面住了一夜，第二天又买票，又坐了一段火车就下来了。前面有一条河，河边站着很多兵，那就是封锁线。看到后我们有点紧张，但是要镇定。我们两个人就到河边去，站在队伍里面等待检查，检查人员问我到哪儿去，我说到沧县。又问我干什么，我说我做小生意的，买点肉什么的。同时我就把组织上给我的钱塞给他了一点儿，他就用手一指，让我上了船，到了河的对岸。（我们）本来以为河的这边就是解放区啊，结果不是，那是“三不管”地带。解放军不管，国民党也不管。要是碰上国民党呢，要不把你活埋了，要不把你抓走。所以我们到那边不了解情况，还在那里唱这个唱那个，青年人（有活力）嘛。在国民党统治区，想唱的歌不能唱，想讲的话不能讲。一过了河呢，心情非常愉快，但其实非常危险。我们坐着大巴车去沧县，到时，天也快黑了，找沧县的负责人商量后续事宜。当时没有估计到全国解放这么快，（原定计划）让我们学习一段时间，再回学校去，做学生运动工作。所以必须改名，改什么呢，正好到沧县啊，我是南方人啊，就叫沧南。沧县是我今后生活的第一步，为了留一个纪念，叫沧南就是这么来的。

学生：爷爷，我们几个都是入党积极分子，还有一位已经是预备党员了。我们想了解一下，您当时向党组织靠拢的过程中有没有什么让您印象比较深刻的事情呢？

沧老：我印象最深刻的就是我的入党介绍人，叫范芒。我写过一篇文章怀念她，发表在《老年人》杂志上。范芒是个研究生，女同志，我是她老师。她是在职攻读的马克思主义哲学硕士研究生。但是她入党比较早，是支部委员，所以我们经常一起出去宣传毛泽东思想啊，去讲课啊。两个人（关系）比较好，她做我的入党介绍人。我印象最深的就是她。

2022 年 10 月 2 日，马克思主义学院 2021 级党史 1 班郑婕等访谈

学生：爷爷，您有没有想对我们这些渴望加入党组织的青年

说的话呢？我们在入党的过程中应该怎么去做得更好呢？

沧老：我怎么感觉到现在入党好像很简单。现在是将近一亿（党员）啊。那个时候入党非常难，而且宣誓的时候只有几个人，现在是有几百人，目前好像有9000多万党员吧。我是感觉党员人数变多了，担心队伍不纯洁了。（现在）是不是每个人都想把自己的一生献给党？我看不见得。在（20世纪）40年代、50年代入党，那真是心里想当个党员，而且也愿意向老同志学习，专心工作，为人民服务。可现在，入党动机正确的人有，但不是那么纯。我们那个时候入党，思想是不是那么纯呢？也不见得。拿我来讲，我是研究生（中国人民大学），1948年入团的，到1956年才入党。先读研究生，读了研究生我就申请入党。写了好多申请，（上级党组织）都没有批。（有点小遗憾地摇头）后来我研究生毕业分到哲学教研室，我（研究生）学的是经济，到了哲学教研室当老师。因为我学的是经济，所以又得再学哲学。当时不敢提意见，因为服不服从组织分配是个大问题，如果是要提出来这个意见，那入党就成问题了。当时我入党是有正确思想，但是也有私心杂念，总认为作为一个马克思主义专业的教师来讲，（如果）不是一个党员，总是讲起课来“理不直，气不壮”呀。我是想要讲好课，所以想入党。另外我从入团到入党，中间有8年。在我入党之前人家都问：“沧南你入党了没有啊？”在当时看来，入党就是一个进步的表现。在我看来，入党动机是个关键问题，就是一个入党态度问题。就我来讲，有正确的一面也有不正确的一面。我想你们也是这样，可能是为了更好找工作之类的。所以我认为，你们现在要求入党，最关键的问题是要端正入党动机，但是，不管怎么端正总会有私心杂念。完全纯洁、完全正确是不可能的，没有个人打算是不可能的，所以入党有预备期一年。在这一年当中，要端正我们的入党态度，要克服那些私心杂念。我感觉现在有些同志入党呢，组织上是进来了，思想上并没有进来。（某些人）入了党，（感觉）解决问题了，非常高兴，就像完成任务了一样。但是入党以后还有好多工作要做啊，特别是思想工作。就学校来讲，发展组织做得很好，吸收了大批党员。吸收了以后呢？怎么能提高这些同志呢？我总感觉做得还不够，还有空间。

在新中国成立前，一个学校能有一个党员，就搞得它（学生运动）“天翻地覆”，那真的是起到“战斗堡垒”的作用，现在呢，现在有九千多万党员，每十三个人当中就有一个党员，这不得了啊。我总感觉入党问题对你们来讲，关键是态度问题。入党动机问题要解决好，但是想彻底解决不可能。入党以后党组织要做大量的工作，对你们来讲就是要树立坚定的信仰。因为这个信仰不仅仅关系到你们的前途和命运，而且关系到祖国的前途和命运。20 年后，各级领导权，就在你们手上了。到那个时候中国向哪里走，走什么路，就取决于你们，取决于你们现在树立什么样的信念。所以我总认为，信仰不是个人的问题，是关系到国家前途命运的问题；不是你私人的问题，也是个社会问题。从一定意义上讲，是个政治问题。我希望你们回去以后呢，多谈这个问题，大家都谈信仰。信仰什么？信仰马克思主义、毛泽东思想，这是我们的根本。在建设中国特色社会主义的现在，必须坚持两个东西：一个是马克思主义，一个就是毛泽东讲的实事求是。这两个东西少掉任何一个，都不可能建设中国特色社会主义。因为马克思主义讲的是一般的原理，毛泽东讲的实事求是是理论联系实际的问题。拿专政来讲，马克思讲专政就是无产阶级专政；而在中国呢？是各个先进阶级联合起来的专政，这同列宁讲的就不一样。列宁讲一个阶级的专政——无产阶级专政；中国讲先进阶级联合起来的专政。我不记得是哪个国家的一个记者问毛泽东，他说：“按照你今天讲的，我给你写出去，人家会不会认为你背叛了马克思主义？”毛泽东讲：“没有！中国共产党一贯坚持马克思主义。”他（毛泽东）说，“马克思主义讲的是一般原理，我讲的实事求是是理论联系实际的问题。一般原理就是不管你在哪一个国家都要坚持专政，坚持无产阶级专政。（但）怎么坚持（无产阶级）专政要根据你的实际情况。”毛泽东对记者说，“你可以把我的话报道出去。我不是背叛了马克思主义，恰恰相反，（我们）就是不要搞教条主义，要理论联系实际。”中国的问题是理论联系实际的问题，而马克思主义讲的是一般原理。

学生：沧南爷爷，您在1977年，即湘潭大学复校之初就来到了这里。您扎根在湘潭大学有近半个世纪。在您的心目中认为湘大对您而言，意味着什么？是不是有一种很深的情怀在里面？我们特别好奇。

沧老：湘大对我来讲就是根。我从北京到武汉，从武汉到这里（湘潭），好像从城市上来讲是往下，实际上我是落叶归根了。湘大对我来讲就是根。我是1977年来的，到现在有40多年了吧。我来的时候，好多人都走了。我是一直住在这个房子里面，没断过。当时是全国各地都有大学来支援湘大，当时号召“百校建一校”。刚来的时候，我们没有图书馆、没有教室、没有电灯、没有自来水，什么都没有，而且当时交通很不方便，车子不到湘大只到羊牯塘，师生还是要徒步走过来。后来我们提意见，车站就修到我们校门口，规定的上午3趟、下午3趟，是定时的，下雨

（车）就不过来，交通真的很不方便。当时老师都住在农村，一家老小住在一间房子里面，自己挑水吃。所以刚来这里那会儿是比较苦的。学校说，湘大目前正在搞基建，实际上没有搞，条件很差，但是我们还是高高兴兴地来了。因为这是在毛主席家乡办的学校，所以我们来的时候，感觉很自豪。（开怀大笑）

学生：爷爷，您知道今年（2022 年）2 月 14 日，咱们学校评上“双一流”了吗，您有何感想？

沧老：我刚来的时候，湘潭大学是全国重点大学之一，那时全国重点大学不多哦，更何况我们还是综合性重点大学。但是人家（指其他学校）（后来）搞到什么“985”“211”，我们什么都没有，我说不出（当时）那种感情，特别失落。（眼眶湿润，长叹一声，又突然面带笑容）现在总算是“双一流”了。

学生：沧南爷爷，您看我们都是马克思主义学院的学生，我们现在不光是思想上正在进行马克思主义理论和中共党史的学习，日后就业也很有可能都会选择去做思政教育的工作或者是党史学习教育的工作。您教授马克思主义哲学这么多年了，认为我们在学习马克思主义理论、马克思主义哲学以及中国共产党历史的过程中，最应该在哪些地方下功夫呢？例如您刚才已经讲了要在毛泽东同志讲的实事求是这里下功夫，还有其他的地方是我们应该重点去学习的吗？

答：我觉得主要有两个问题：一个问题是认识论问题，毛泽东讲的我们的干部最缺少的是对于马克思主义认识论的学习。工作都要根据客观事实、发展规律来进行，怎么去掌握这个规律呢？首先要认识它，只有认识了你才能知道它的发展趋势，然后才能更好地工作，所以我就觉得认识论很重要。另外，认识论就是辩证法，辩证法就是认识论。在我看来，毛泽东的《矛盾论》讲的是辩证法的认识论；《实践论》讲的是认识论的辩证法，辩证法同认识论是一个东西，是一致的。所以我总感觉，就学习来讲，要学习好辩证法、认识论；就历史唯物主义来讲，毛泽东讲得最多的就是为人民服务。怎么样更好地为人民服务呢？我的理解就是一定要掌握好辩证法和认识论，一定要认识到人民群众是历史发展的动力，人民群众是历史的真正创造者。解决了这个问题，那就会尊重人民、依靠人民、相信人民。

沧南爷爷和我们都意犹未尽，但考虑到爷爷的身体状况，我们还是谨记老师的叮嘱，愉快地结束了一个半小时的交谈。爷爷和罗奶奶、高老师都不停往我们口袋里塞牛奶和圣女果等，爷爷还颤颤巍巍地坚持送我们到楼道口，不停和我们挥手再见，那个身影是如此的有魔力，像一个航标，深深地印在脑海里。

沧老讲述毛泽东对于无产阶级革命理论重要问题的卓越贡献

“帝国主义是无产阶级社会主义革命的前夜。”这话谁讲的？是列宁讲的。由于历史条件变化，毛泽东为无产阶级革命理论的发展，作出了巨大的贡献。明年（2023 年）是老人家（毛泽东同志）诞辰一百三十周年纪念，我准备写一篇文章，想了四个问题。第一个是关于殖民地、半殖民地无产阶级革命的问题，列宁和斯大林很少讲。第二个是关于怎么样巩固无产阶级专政，将社会主义革命进行到底的问题。第三个是关于意识形态斗争的长期性的问题。第四个就是反对现代修正主义，防止社会主义和平演变为资本主义的问题。[1]

我觉得必须对这四个问题进行明确具体的回答，不这样的话，社会主义就不能前进，甚至可能演变为资本主义。苏联搞了七十多年社会主义革命和建设，最终敌人不费一枪一弹，将其和平演

① 后成文《论毛泽东对无产阶级革命学说的伟大发展——为纪念毛泽东诞辰一百三十周年而作》。

变为资本主义，这就是一个活教材。我觉得，毛泽东对这四个问题的分析说明，是对无产阶级社会主义革命理论的发展。

（一）

第一个问题，关于半殖民地半封建社会无产阶级革命的问题。列宁和斯大林虽然有过一些精辟的论述，但是这项工作最终是由毛泽东完成的。我觉得首先毛泽东提出了新民主主义革命理论，这是一个完整理论。

第一点，新民主主义革命。毛泽东讲，参加这个革命，不论他们是哪一个阶级，是什么党派，是什么国家的人，只要反对帝国主义，就成了无产阶级同盟军，因为新民主主义革命的主力军是无产阶级。同样，这个专政（人民民主专政）也是由几个阶级联合起来进行的。智利有一个叫作《最后一点钟》的报纸，当时这个报社的社长叫马特，1959 年到中国来访问。他问毛泽东，列宁讲专政是一个阶级专政的，是无产阶级专政，是工人阶级专政。现在你讲新民主主义，是几个阶级联合起来进行专政，这是不是背离了马克思主义呢？毛泽东说，我不认为中国背叛了马列主义。中国共产党一贯遵守马列主义的原则，因为它是普遍的真理。我们所讲的问题是普遍真理与中国具体情况的统一的问题。这个问题很重要。列宁讲专政就是无产阶级专政，毛泽东讲新民主主义专政是几个民主阶级联合起来的。中国的实际情况就是这样子。同学们，你们说对不对？

第二点，提出了新民主主义革命的对象和动力。对象大家都知道——帝国主义、封建主义、官僚资本主义。动力就是工人、农民、小资产阶级，包括民族资产阶级。这是动力问题和对象问题。

第三点，中国革命必须分两步走。因为中国原来是半殖民地半封建的国家，所以首先要解决的是，中国必须成为一个独立的国家，第二步才能进行社会主义革命。所以毛泽东讲中国的革命要分两步走，也就是上篇和下篇，只有做好上篇文章，下篇文章才能做好。首先要解决的是反对帝国主义、封建主义、官僚资本主义，要把这个国家变成一个独立的国家，然后才能解决社会主义革命的问题。

（二）

沧老：第二个问题就是关于坚持、巩固无产阶级专政，将社会主义革命进行到底的问题。这个问题大家可以研究研究，我们之后可以再讨论讨论。第三个问题，就意识形态斗争的长期性，斯大林、列宁好像谈得不多，毛泽东在这个问题上谈得最多，他说必须解决意识形态问题。无产阶级和资产阶级意识形态的斗争，几十年甚至于几百年才能解决，为什么？围绕这几个问题，大家谈一谈：为什么意识形态的斗争是长期的？

学生1：意识形态斗争，是巩固无产阶级专政的一个非常重要也是非常必要的方式。在毛泽东所处的年代，冷战背景下社会主义和资本主义两大阵营的斗争非常尖锐，除了综合国力上的竞争，意识形态斗争也是一个非常关键的领域。到现在，我觉得意识形态的斗争其实是更加尖锐化的。

学生2：现在世界上大部分国家其实都还是资本主义国家，而且随着科技的不断发展，意识形态领域的渗透力也变得更强了，我们更加需要巩固我们的意识形态防御围墙。意识形态斗争的长期性就是在于我们现在还没有完全达成一个全世界的思想共识。

学生3：从今天来看，意识形态斗争是一个长期的过程。我们之所以理解这个概念，苏联解体是一个很重要的原因。我们看到了苏联解体，看到了资本主义国家对于社会主义国家意识形态的长期的、不间断的渗透。而毛主席的战略眼光十分超前，在很早就提出了这个问题。并且毛主席还有一句很经典的话："掌握思想领导是掌握一切领导的第一位"，思想文化阵地，我们不去占领，敌人就会去占领。

沧老：意识形态斗争的长期性，最根本的原因是什么呢？就是意识形态它有独立性。一种意识形态一旦产生之后，不会随着产生它的经济基础的消灭而消灭，它能够独立存在于我们的脑海。我们是社会主义国家的人，但是到现在，封建思想，资本主义思想有没有？凭良心讲，还是有的。尽管封建社会已经灭亡了，但是人们脑海里的封建思想还是有的。意识形态具有独立存在的形式，产生它的经济基础灭亡了，它迟早要变，但要有时间，而且需要很长的时间。拿我来讲，我受了半个多世纪党的教育，有没有个人主义？有的。个人主义表现的形式不一样。比如我看一些中青年教师买房子，买小轿车，我就想，我搞了一辈子，房子也没有，车子也没有。这个是不是个人主义？那当然是个人主义。而且看到你买房子我也会这样想，看到他买房子我也这么想。有一次我觉得这个问题不解决不行，我就好好想了一想，归根到底是我没有，我要有了我也就不这么想了。所以我自己想通了，是个人主义。看到别人买房子，作为一个共产党员来讲，生活水平提高了应该高兴呀，为什么还不快乐啊？都是个人主义的思想嘛。

所以在社会主义社会里面，头脑中有些东西不见得就是社会主义的。我从小受的教育，就是封建社会里的。比如妈妈问儿子：“将来准备做什么?”儿子说：“做官。”“好乖呀，妈妈享福。”就是这样一些东西。

（三）

学生：沧老，我觉得在毛泽东同志对无产阶级革命理论的发展方面，他的军事思想也是引领中国革命走向胜利的一个重要原因。要是没有毛泽东的军事理论作为指导，我们的革命不会这么快成功。

沧老：是的，还有抗美援朝战争。现在好像某些人还认为进行抗美援朝战争是错误的（沧老冷笑一声）。当时我二十多岁，也写了报告，申请入朝参战。要是不进行抗美援朝战争，美帝国主义就站在鸭绿江边啊！我们什么东西都不能建设，特别是东北。新中国刚成立，国民党留下一个烂摊子，旧有人员和散兵游勇有好几百万。物价暴涨，物资短缺，我们总是说在那个环境下，没有毛主席那个魄力，真不敢打！当然，抗美援朝战争是有牺牲的，但是为了祖国，这一仗必须打，不打哪有我们的今天！

（四）

学生：虽然我们课本上学过毛泽东思想，但是关于毛泽东同志的故事我们听得不太多。爷爷您和我们讲讲毛主席的故事吧！

沧老：解放战争时期，在陕北非常艰苦，毛泽东洗脸、洗脚、洗澡就只用一条毛巾。身边的工作人员就告诉他说：“主席，您是不是搞一条新毛巾洗脸，用旧毛巾洗脚、洗澡，这样比较好。”毛主席说："脚最辛苦，一天从早跑到晚；脸，啥事也不做，还用新毛巾？洗澡、洗脚、洗脸用一条毛巾就对得起脸了。"后来毛主席讲："我不能用两条毛巾。"他说："我用两条毛巾，一条洗脸，一条洗脚，全军都用两条毛巾，一条洗脸，一条洗脚，这个数字就大了，就可以打一次仗。为了解放战争，我只能用一条毛巾。"当然，现在我们都把不同用途的毛巾分开了，但当时的确是很艰苦。

我再讲一讲我们解放区的生活。我去得比较晚，是 1948 年到那里的，刚好赶上了解放战争末尾，的确比较艰苦。我 1948 年到河北冀中解放区，一个月发五毛钱，吃饭吃大灶。大灶是什么呢？早上稀饭、没菜，就是红薯煮稀饭。有一次吃红薯煮稀饭，我挑红薯吃，还被批评了，这件事我永远记得，这批评是对的。中饭、晚饭不是窝窝头就是小米饭。实际上也证明，小米对女同志来讲，有好处，都吃胖了（笑），但是男同志就不行。有时改善伙食，有的队吃面条，有的队吃包子，一吃面条就吃饱了，有的同志吃九个包子，吃得肚子胀得不能弯腰。当时生活还是很艰苦的。一个月的五毛钱要买牙刷、买牙粉，有些同志还要抽烟。北方冬天很冷啊，就发一套棉制服，里面衬衣都没有，给发一条毛巾做围脖，又不能洗澡，一开会大家都在摸虱子，女同志也一样，头发上都有虱子。但我们不叫虱子，叫"光荣虫"，参加革命很光荣啊，革命者身上长了虱子也光荣啊，所以叫作"光荣虫"。生活虽然比较苦，但是精神非常愉快。我去（解放区）之前在北京上学，国民党统治下，想讲的话不敢讲，想唱的歌不敢唱，一到了解放区就自由了，想唱什么就唱什么，想怎么讲就怎么讲。

（五）

学生：爷爷，您虽然说自己没有房子也没有车子，但是您却把一辈子的一大笔积蓄捐了出去，我们真的非常感动也非常崇敬您。您为什么会做出这样的选择呢？

沧老：我是一个放牛娃出身，抗日战争时又成了一个流浪学生，吃百家饭，穿百家衣。在北京上大学时遇到一些好人。我当时住在一个同学家里，吃住都在他家，他父母没有一句怨言，所以我就想回报社会。我，现钱没有，但是爱集邮。我从新中国成立开始一直收集到 2017 年，全部卖掉，卖了 20 万，然后把钱全部捐出来了。毕业的学生知道了，怕我生活困难，又凑了 20 万块钱给我，我想我现在生活不困难，就又捐给了学生。这样的生活简单一点，但是心情很愉快，就回报社会嘛。

当年其中一个同学的母亲对我非常好，我写了一篇文章——《忆伯母》，发表在《老年人》杂志上。我刚到湖南来的时候想去看她，但工资很低，买车票都没有钱，没有钱买一点东西带给她，所以又不敢去看她。但后来生活好一点，生活提高了，想去看她，她又走了，所以想起来很难受。1943 年，我和一个同乡一起，流浪到贵州，什么东西都没有。怎么办呢？去找同乡会，同乡会说那里有个安徽的老乡，很愿意帮助同乡，我们就去找他。他说你们现在到四川没用啊，各个学校都放假了，也不招生。我那个同学是高中毕业，他让同学在这儿工作一段时间，给他介绍工作。我是初中毕业，他让我在他家住，并介绍我上的高中。我这个老乡，姓胡，叫胡占阳，现在也走了。再比如我上中学时就怕放假，因为放假了学校不开伙啊，就没饭吃。有一次我走到路上，饿得走不动了，躺在稻草堆睡着了，其中一个妇女抱着小孩，问我怎么了？我说饿得走不动了，她一句话都没讲，回去拿了吃的给我。碰到这么些好人啊，现在想起来还是应该回报社会。（沧老此时潸然泪下）

所以现在，我经常讲三个没想到：第一个没想到，一个放牛娃，一个流浪的学生，在党的教育下成长为一名人民教师。第二个没想到，像我这样的人活到 99 了，我今年 99，没想到明年就是 100 了。第三个没想到日子越过越好，越来越幸福。我经常和同志们讲，在共产党领导的社会主义下，才会出现这三个没想到，这集中地反映了社会主义的优越性。我这一辈子，是 1948 年到了解放区，才算有了一个真正的家。我 13 岁出来，一直没回去过，到 93 岁才带着小孩回老家去看看，去给妈妈上坟。

（六）

学生：爷爷您能讲讲您与湘大的故事吗？

沧老：我写了一篇文章——《深深扎根于湘大》。内容大概是这样：我们 1977 年来的，到现在已经有 40 多年了。我们那一批来的同志们生活习惯都不一样，经历也不一样，但是我们到湘大来，有几个共同思想。一个是有自豪感，当时觉得湘大就是毛泽东大学，所以我们来的时候还提了意见，干脆叫毛泽东大学不好吗？当然这个是不可能的，毛泽东已经去世了，即使他在世也很难通过，他也不会同意这样。湘潭大学是经过毛主席同意创办的，而且再三嘱咐，一定要把湘潭大学办好，所以到这一所学校来任教、来工作，我们感到有自豪感。正是这种自豪感，帮助我们克服了好多前进的困难。第二个是，我们这些老同志都有责任感。到湘大来，责任很重要，把湘潭大学办好，完成老人家和湖南父老乡亲的一个心愿，这个任务很重大。湘大这一片儿，原本是丘陵地带，都是后来推平的，第三教学楼就是把一座高山推平后建的。所以我们来的时候都是荒山野岭，看到现在变成这样，讲不出来的高兴，而且现在是“双一流”啊！太好了，太好了！

2022 年 10 月 16 日，马克思主义学院 2022 级党史 1 班吴垠等访谈

沧老讲如何做学问

——做学问要学习毛泽东

毛泽东读书的第一个特点就是博学。他不仅看马克思、恩格斯的著作，还看历史经济；不仅看古代的，还看现代的，所以，他是博览群书，甚至还看佛教的书。他出去总要带几大箱书，其中就有佛教的经典，如唐朝慧能法师的。所以，我们看书，除了马克思、恩格斯、列宁的著作以外，还要看别的书，要博览群书。

第二个特点就是三复四温，反复地念。我们念书，最多记两张卡片，记完后就放在那儿。毛主席不是这样的，主席看书，某年某月读，某年某月再读，某年某月三读，要三复四温，温故而知新。孔子讲："温故而知新，可以为师矣。"所以，这是他第二个特点。

第三，要把读的著作，与自己的客观实际、自己的思想实际结合起来。马克思写的那些著作都有现实的针对性。怎么样同实际问题结合起来，怎么样同自己思想结合起来，怎么样把马克思主义原理变成思想方法、工作方法，这一点非常重要。读一篇著作，能够写两条，一年就写不少条。将来你写毕业论文也好，写学业论文也好，把笔记看一看，再加以充实，不就成一篇文章了吗？假使你不做这个工作，一点基础都没有，论文要怎么写呢？所以，我觉得这一点非常重要，对于你们，对于我来讲，都非常有益。只要能把学习过程当中的这些想法记录下来，就能给你们学业论文、毕业论文打下基础，否则的话论文没办法写。

毛泽东读书，我感觉就是这三个特点，一是博学，二是三复四温，三是结合实际。

学生：沧老，最近我们老师让我们读恩格斯的《路德维希·费尔巴哈和德国古典哲学的终结》，其中提到辩证法不仅有革命性的一面，还有保守性的一面。在我们本科的学习当中，主要研究的是其革命性的一面，对其保守性的一面涉猎较少。想请您为我们讲一讲辩证法保守性的一面。

沧老：如果说没有保守性的一面，人生出来就不是人，正是因为有保守性的一面，人的因素才能传下去。如果说都是革命的一面，变革的一面，那就是“我的儿子不像我”。当然，在不同的时期，保守的一面也表现得不一样。

学生：沧老，上一次您给我们留下的主题是，事物的发展总是螺旋式上升的，请问您对这个有什么见解呢？

沧老：事物的发展都是波浪式前进、螺旋式上升的。你说说看为什么是波浪式前进的呢？

学生：我觉得，一切事物都需要有一个积累的过程，要不断地去回看，比如刚刚所说的保守性的一面，对于出现的缺点进行更正，这样才能走向成功。

沧老：因为任何事物都是包含矛盾的，矛盾的两个方面情况不一样，地位不一样，条件不一样，所以发展不可能同步进行，总是有的快，有的慢，就形成了波浪式前进，所以应该从矛盾这个视角来说。我记得毛泽东在《井冈山的斗争》前面一篇文章就提到，我们现在是采取波浪式的发展，所以取得了一些成就。① 从新民主主义革命就已经讲起，讲到社会主义革命、社会主义建设。所以说，社会主义经济建设是波浪式发展，不可能一直向上发展。举例说，一个人坐在马上，却不可能一天都坐在马上，总要有下来的时候。社会主义的发展，不可能一直就是这样发展，总该有停滞的时候，所以说应该用波浪式发展的理论来指导我们的工作。具体有两个例子。一个是土地改革，新区的土地改革要先集中于一些有经验的老干部，然后再铺开，这样子波浪式发展。另一个是分配和积累的关系。丰收要多积累，遇到自然灾害要少积累，应该要波浪式，不要一上来就是逐步增加，那样不好。所以唯物辩证法有三个规律——量变与质变、否定之否定、对立统一。毛泽东讲得最多、写得最多、用得最多的就是量变与质变，其他两个规律讲得少。毛泽东讲波浪式的根本原因就是任何事物都包含矛盾，没有矛盾就没有发展，而矛盾两个方面不一样，所以出现波浪式前进。

学生：沧老，我们最近在党史专业课上学习了社会主义革命与建设时期的党史，其中提到“一五”时期我们对苏联模式的照搬照抄，我想请问我们国家在“一五”时期是借鉴苏联模式更多，还是我们自己也有创新？

沧老：“一五”刚开始搞的时候我们没有经验，那是抄苏联的，特别是工业方面、统计方面。毛泽东对这一点非常不满意，怎么呢？不抄它，我们自己拿不出来。所以在当时，“抄”带有

---

① 1928 年 11 月，毛泽东在《井冈山的斗争》中提“波浪式”，指出：“……割据地区的扩大采取波浪式的推进政策，反对冒进政策。”（《毛泽东选集》第一卷，人民出版社 1991 年版第 59 页）。关于这个主题，可参考沧南教授遗稿：《毛泽东论事物的波浪式发展规律》。

必然性，因为我们没有建设国家的经验。你说阶级斗争，那我们可以拿出来一套理论，但是在建设方面，搞农村建设我们有一套经验，搞社会主义经济建设没有经验。所以，1956 年 2 月至 4 月，毛泽东分别听取国务院 35 个部委关于工业生产和经济工作的汇报，逐渐形成对我国社会主义建设具有指导意义的一系列看法，最后有了《论十大关系》[①]，我们才形成自己的经验。苏联只强调重工业，不重视轻工业和农业，我们在有了《论十大关系》以后，农轻重这方面就处理得比较好。实际上轻工业积累资金比较快，比如纺织业，钻研一年就可以开工厂赚钱，所以要发展重工业必须发展轻工业，这就是我们自己的理论。

学生：沧老，我是从计算机专业跨考到中共党史专业的研究生，因为之前一直是理工科，现在还没有太多文科的基础，但是我对中共党史专业非常感兴趣，所以想请教一下沧老，我们在进行党史专业的学习和研究时到底应该从一个怎样的思路去学习，

---

① 为了准备召开党的八大和迎接大规模的经济建设，1955 年底至 1956 年春，毛泽东等中央领导人进行了大量周密而系统的调查研究。1956 年 2 月至 4 月，毛泽东分别听取国务院 35 个部委关于工业生产和经济工作的汇报，逐渐形成对我国社会主义建设具有指导意义的一系列看法。4 月 25 日，他在中央政治局扩大会议上作《论十大关系》的讲话，5 月 2 日又向最高国务会议作了报告。在总结我国经济建设问题和以苏联经验教训为鉴戒的基础上，报告论述了十个问题即“十大关系”：前五条主要讨论经济问题，从经济工作的各个方面来调动各种积极因素。前三条讲重工业和轻工业、农业的关系，沿海工业和内地工业的关系，经济建设和国防建设的关系。第四、第五条讲国家、生产单位和生产者个人的关系，中央和地方的关系问题。后五条主要讨论政治关系，讲汉族和少数民族的关系、党和非党的关系、革命和反革命的关系、是非关系、中国和外国的关系。《论十大关系》初步提出了我国社会主义经济、政治建设的若干新方针，标志着我们党对怎样建设社会主义有了自己新的重要认识，“在中国怎样建设社会主义的道路”有了我们自己的“独立思考”，对当时和以后的社会主义建设都有很强的针对性和理论指导作用。毛泽东多次说，前几年经济建设主要学外国经验，《论十大关系》开始提出自己的建设路线，有我们自己的一套内容。

找到兴趣切入点，进而选择研究方向呢？

沧老：哈哈，我是“教条”，就是靠记，读书要多看，多看几遍教材或者党史专家编撰的书籍。思考为什么这个作者是这么写，另一个作者又是那么写。我觉得这样对学习党史有好处。光看一本不行，要多看几本才有比较——自己觉得哪一本写得好？为什么写得好？一比较就可以找出思路。学党史，李达有一个观点值得考虑。陈独秀被捕的时候，李达写过一篇文章。我的理解是，他把陈独秀看作两个人，一个是肉体的人，一个是精神的人。他说，你抓的就是陈独秀的肉体，但是陈独秀的精神思想你抓不到，他在外面还仍然起作用。我觉得李达这个观点很好，我就想，每个人都是两种形式，一种是肉体的我，一种是精神的我。人死了，肉体是毁灭了，但是精神仍存在着。马克思、恩格斯的思想、列宁的思想、毛泽东的思想到今天仍然在起作用。

学生：沧老，《资本论》对辩证法的论述让我感觉它对辩证法运用得非常透彻，想问问您对这有什么看法呢？

沧老：辩证法，讲起来就那么三条——对立统一、否定之否定、量变与质变，但是运用它来解释现实问题就比较难了，并不是直接就可以运用的。我觉得这是一个过程——懂得这个原理，再运用这个原理去说明实际问题，不是学了就能够运用，就能够解释现实。学了以后，要能够消化它，然后再学习运用这个原理去解决实际问题，不能急于求成。

学生：沧老，我想问您一个问题。现在大学生里出现了一种现象，一部分人恶性竞争，我们把这种竞争称为“内卷”，一部分同学却走向另一个极端，不求上进，不愿学习，也就是“躺平”。我觉得这种不求上进、不愿学习的观念与我们现在倡导的社会主义核心价值观相背离，对于这样的同学，我们应该怎样去引导他振作起来呢？

沧老：我觉得这个不能怪学生，要提高教师素质。对于讲课而言，书上有的不讲，要讲对于这一章有哪些体会，既不离开书，又不等同书，这样讲起来有点新意，学生听着也有劲儿。比如我这就问你们一个问题，哲学里讲斗争是绝对的，同一是相对的。有的人认为斗争性是绝对的，因为它不需要任何条件，这对不对？我以前就感觉这个提法值得考虑，需要认真理解，否则容易产生误解。[①] 如果斗争是绝对的是说不论在什么时候、什么条件下都有斗争；同一是相对的就是有时候有，有时候没有。那么，在没有同一的时候怎么斗争呢？斗争是同一的斗争，同一是斗争的同一，就是说，这两个方面都不能分。所以我觉得“斗争是绝对的”这一点只能这样讲：从具体来讲，任何一个斗争都是具体的，这个具体的斗争都是有条件的，都是暂时的；从抽象来讲，斗争是绝对的，同一是绝对的，因为没有同一就没有斗争。这个提法（斗争是绝对的，同一是相对的）在谈具体和抽象时，讲斗争的时候是讲抽象，讲同一的时候是讲具体，所以我觉得这个提法值得考虑。都从具体来讲，都是有条件的；都从抽象来讲，都是无条件

---

① 矛盾的斗争性是绝对的、无条件的，并不是说它不需要任何条件，或不处于一定条件之中，而是指它虽然处于一定条件之中，受特定条件的限制，又能打破这些条件的限制，并创造出事物发展所需要的新的条件，从而表现出矛盾的斗争性在任何条件下都要贯彻下去的趋势。矛盾的斗争性寓于同一性之中，受同一性制约。我们说在事物的矛盾运动中，斗争性是无条件的、绝对的。而同一性是有条件的、相对的，是说明二者在事物运动中存在的状态，起作用的表现形式及侧重点不同，并不说明二者有主次之分。任何事物的矛盾运动都是斗争性和同一性共同发生作用的结果。把“矛盾的斗争性是绝对的”理解为它不需要任何条件，同样是割裂了矛盾性和同一性相互制约的辩证关系，因而是错误的。

的。是不是可以这样理解？可以商榷。

2022 年 10 月 22 日，马克思主义学院 2022 级思政 1 班常博睿等访谈

笃信、力行、不忘初心

——听沧老讲信仰

同学们：沧老上午好！

沧老：同学们好，我们今天谈谈信仰问题。你们先谈谈自己的看法。

学生1：信仰的定义在我心中比较模糊，但应该是人生观、价值观的思想体系，并不一定是如宗教般有具体定义的东西。信仰就像我心中的明灯，照亮我前进的路。有些人说中国人无信仰，我认为是错误的，信马克思，跟党走，就是我们的信仰。

学生2：我上网查了一下，信仰是对某个组织、观点或宗教的主张感到信服，并且把这些主张当成自己的行动指南和精神追求，包括价值观和世界观。如美国人崇尚基督教，泰国人信仰佛教等。但我们中国人比较理性辩证地对待宗教。作为学生，我们信仰的是马克思主义，学习马克思主义理论，如辩证唯物主义和历史唯物主义。

沧老：问什么是人，你回答你是人，我是人，他是人，这不包括人的定义。你们刚刚只是说包含了什么，并没有具体说出信仰的内涵本身是什么。请注意这一点。

学生 2：从古希腊开始就有信仰相关的学说了，到了中世纪，人们以上帝为信仰。

沧老：我现在再问，信仰的内涵是什么？

学生 1：沧老，您可以为我们解释一下吗？

沧老：知识方面，多问老师，多看书，就知道了。但信仰是什么，需要自己概括。信仰是个常用词，我们常说，某人信仰宗教、佛教。但什么是信仰，并非人人知道。

我认为，信仰包括三个内容。一是笃信。就是一心一意，极度相信某种思想、某种主义是客观真理，而且对于国家和人民有利。这种信仰不是盲目的，而是理性的，是学习、思考，再学习、再思考的结果。在座的都是共青团员对吗？你们做团员，不是被迫，而是自觉自愿的，所以，你们的信仰是理性的结果。我 1948 年入团，直到 1956 年才解决入党问题，经过了 8 年的考验。入党的每个阶段都需要证明人。你们生长在红旗下，而我，经历了 20 多年的旧社会，对于历史有更深的体会。所以，信仰是自觉自愿，不是信仰这个主义中的某些原理，而是全部信仰，一以贯之。这是其一，笃信。

二是力行。信仰不是坐而论道，脱离实际，讲大道理，而是要力行，要实践，要动真格，要把信仰作为自己言行的准则。你们现在是团员，不是信仰某些原理，而是全部信仰，不管什么情况下，都不会改变信仰，要用马克思主义原则处理遇见的问题。符合马克思主义思想的话就去说，符合马克思主义思想的事就去做。要把马克思主义的原理，变成自己行动的准则。

其三就是要敢于斗争，不忘初心。马克思主义讲的是思想，是精神的东西，精神和思想自身不能变为客观现实。要把精神和思想变为客观现实，首先，信仰者要去发动群众，组织群众，形成一支浩浩荡荡的大军，与旧势力进行坚决的斗争，在斗争中，逐步把马克思主义思想原则变为现实。

我理解的信仰，就是这三个方面。1935 年，方志敏北上抗日，在路上遇到敌军，由于叛徒告密，被捕入狱。他在狱中写道：我们共产党人与你们国民党的匪徒，势不两立。你们可以砍掉我的头，但不能磨灭我的信仰，我的信仰像钢铁一样坚韧。这就是革命先烈在敌人的屠刀下，临危不惧的浩然之气！值得我们学习，学习，永远学习！我理解的信仰的三个方面，最主要、最根本的就是笃信。

学生 3：您说的先烈的事迹，就像您上次提到的人分为肉体和精神的部分，肉体的部分消失了，精神的部分还会永远留存。

沧老：对。一个是肉体的我，一个是精神的我。死的是肉体的我，精神的我会永远留下来。就像马克思和毛泽东，他们的革命精神就永远不会磨灭。

学生 4：沧老，您说树立信仰要在理性思考的同时身体力行，是不是可以概括为，我们要知行合一？

沧老：可以。就是理论和实践的统一、言行的统一，而且必须统一，只讲主义，不讲实践，谁都可以说自己是马克思主义的信仰者。尤其是共产党员，更应该言行一致，切实地做到为人民服务。

学生 4：沧老，我还有一个问题。您在第三点中提到，践行信仰需要斗争和革命，那么我们现在处于这样相对和平、社会稳定的年代，该以怎样的形式用马克思主义为武器进行斗争呢？

沧老：是不是每个人讲话、每一篇文章都合乎马克思主义？

同学们：不是。

沧老：那你就可以批判。比如我讲得不对，你就可以提出批判意见，这不就是斗争吗？老师讲的话不见得都对，那就提出问题。要敢于斗争，敢于挑战权威，不能认为老师讲的就对，即使是老师，也会有失误，你可以提出意见，这就是一种斗争。

学生2：在当今环境下，青年如何坚定自己的马克思主义信仰呢？

沧老：你先说说你的看法。

学生2：学习马克思主义的相关内容，理论联系实际，并指导实践且从实践中获得相关知识。

沧老：你的问题，我觉得要从两方面来讲。第一个方面是学习。你信仰它，就要理解它。我们为什么信马克思主义？因为马克思主义是客观真理，且与国家前途、个人命运都有很大的关系。多看马克思、恩格斯、列宁、毛泽东的经典文献，要一遍遍反复读，他们的著作都很好读，就是做起来难。原著要一句句、一段段地读。第二个方面是要联系实际，联系自己的思想实际。马克思写某本书，是立足于他当时要解决什么实际问题。我们怎样解决自己的思想问题？以这样的方式思考，把结果记录下来，对你们的学习十分有益。接下来，大家可以自由提问，我如果会，就给大家解答。

学生3：我最近在阅读时遇到一个问题，国民党代表大地主、大资产阶级的利益，但在这本书里写到当蒋介石想要扩充自己的军备时，反而动用了很多暴力手段逼迫“黑帮”和大资本家给自己筹备资金，这好像违背了他代表的阶级利益。那么一个政党是否会一直代表某个阶级的利益呢?

沧老: 蒋介石暴力逼迫资本家筹集军备，是一种手段，他始终维护的是他所代表的四大家族的官僚资产阶级。这点并不会改变。

学生4: 沧老，您对我们当代青年有怎样的忠告呢?

沧老: 一定要有信仰。最初，我是一个放牛娃，我的信仰就是念书，使家庭过上好日子。所以我走南闯北，都是为了读书。而我的家庭很贫困，靠同学的接济帮助才能上学。1948 年，我参加了共青团，到了解放区，后来又入党，自此，我开始把马克思主义作为自己的信仰。再后来，我成了一个教书人，我的任务就是宣扬马克思主义，并为此奋斗一生。当代中国青年，树立怎样的信仰决定中国的未来，这是一个大问题。所以你们一定要树立正确的信仰，20 年后，中国的发展方向，取决于你们现在树立怎样的信仰。

2022 年 10 月 8 日，马克思主义学院 2022 级党史 1 班张嘉杰等访谈

学生2: 沧老，二十大即将召开，您对未来中国发展有怎样

的展望？

沧老：我有三个没想到。一是没想到，我一个放牛娃在党的教育下成为人民教师；二是没想到，我活到了99岁；三是没想到，日子越过越好，越来越幸福，我还想再活100年！所以，我最大的期望就是中国的社会主义道路，越走越宽，中国人民的日子，越过越好！

同学们：沧老，时间差不多了，感谢您今天给我们上的“信仰”这一课，您辛苦了！

沧老：同学们再见！

结合政治热点，沧老浅谈
习近平新时代中国特色社会主义思想

沧老：今天你们五个人加上李老师，一共六个人六个脑子，想的问题一定很多，事先我也没看（二十大报告），所以有的问题可能回答不了，回答不了不丢人，那有什么关系，我可以下次再回答，有的问题可能沾到边，回答得不全面，这个都是很正常的。他们记者问都是事先准备的，教了几十年书，我把这个看作是对我的一个考验，考了六十分我就很满意了，好了，我们开始提问。

学生1：在二十大报告中，习近平总书记在讲开辟马克思主义中国化新境界时，提到要坚持系统观念，您对这个系统观念是怎么理解的？

沧老：系统观念就是要全面地理解，不要孤立地来理解一个原理、一个原则，就是要把整个马克思主义从立场、观点到方法联系起来，不要孤立地来谈一个观点，要系统全面地去看待。

李伏清老师：系统观念是具有基础性的思想和工作方法，这个跟习近平总书记提出来的一个重要的思维方式，即系统思维有关系，要联系他所提到的“五位一体”的总体布局等去理解，这是一个很综合，且站位很高、统揽全局的思维方式，能为前瞻性思考、全局性谋划、整体性推进党和国家各项事业提供科学的思想方法。

学生2：沧老，我的问题是，十九届六中全会提出习近平新时代中国特色社会主义思想实现了马克思主义中国化新的飞跃，请问沧老如何理解这个“新的飞跃”？也有人将这个称为“第三次飞跃”，但有的观点认为这个不可以称为“第三次飞跃”，要称为“新的飞跃”，想问一下沧老您的观点。

沧老：这个“飞跃”是不是就时代来讲，他说现在处在一个“新时代”，我不知道怎么理解，请李老师讲一下。

李伏清老师：上次李捷老师在给我们做报告的时候也提到了这个问题。党的十九届六中全会审议通过的《中共中央关于党的百年奋斗重大成就和历史经验的决议》（以下简称《决议》）特别强调指出：毛泽东思想的创立是马克思主义中国化的第一次历史性飞跃；中国特色社会主义理论体系的形成实现了马克思主义中国化新的飞跃；习近平新时代中国特色社会主义思想的创立实现了马克思主义中国化新的飞跃。后面用的是两个“新的飞跃”，没有把它称之为是“第二次、第三次飞跃”，个人理解可能是考虑到我们在后面会有更多的理论创新，防止这个数字到时候讲得越来越大，而且我们现在还有一些问题没有思考好，例如说关于习近平新时代中国特色社会主义思想与中国特色社会主义理论体系两者之间的关系，究竟怎么来界定？如果说前面实现的是“第二次飞跃”，把这里称为“第三次飞跃”的话，感觉将习近平新时代中国特色社会主义思想与之前分离开来了。事实上，我们现在认可的一个观点是什么呢？习近平新时代中国特色社会主义思想是属于中国特色社会主义理论体系的，是整个理论体系里面实现的一种部分的质变，而并不是说一个独立的完整的质变，因为部分的质变依然属于量的积累中间的一个部分，也就是说从阶段划分里面来说，还是没有脱离中国特色社会主义道路的整个探索过程，严格意义上来说，有可能到2050年，我们也依然还是处在这样一个总的任务里面。值得注意的是，《决议》强调，“习近平新时代中国特色社会主义思想是当代中国马克思主义、二十一世纪马克思主义，是中华文化和中国精神的时代精华，实现了马克思主义中国化新的飞跃”。这是对其推进“两个结合”，科学回答“三大时代课题”的充分肯定。[①]

李伏清老师：爷爷，我今天听到了一个有意思的提法，因为我记得毛泽东曾经也讲过。关于我们的路线方针政策的问题，有过“不信邪、不怕鬼”这么一个提法对吧？

沧老：毛泽东是针对一本书来讲，他这个“不信邪、不怕鬼”是针对当时国内的一些反马克思主义思想的，好像是一本书。

李伏清老师：这个提法今天在党的二十大报告里面正式提出来了，我在想它和毛泽东所指的这个“不信邪、不怕鬼”有什么不一样的含义。邓小平也曾经提过这个，当时主要是强调我们要

① 习近平新时代中国特色社会主义思想坚持把马克思主义基本原理与中国具体实际相结合、与中华优秀传统文化相结合，科学回答“三大时代课题”，即“新时代坚持和发展什么样的中国特色社会主义、怎样坚持和发展中国特色社会主义；建设什么样的社会主义现代化强国、怎样建设社会主义现代化强国；建设什么样的长期执政的马克思主义政党、怎样建设长期执政的马克思主义政党”，提出了一系列原创性的治国理政新理念、新思想、新战略，开辟了马克思主义中国化新境界。

独立自主，习近平总书记再一次把这个话提出来，是在毛泽东和邓小平的基础之上，在含义上有所特指，我上午听报告特别关注到这一点。①

学生 3：沧老，我想问一下关于三个历史决议的问题。这三个历史决议都诞生于重要的历史关头，都联系和总结了历史，对党的历史作出了科学的评价，既坚持了马克思主义，也展现了这种以史为鉴、开创未来的鲜明导向和党的敢于自我革命的一种政治自觉。我想问一下我们青年一代如何去理解这三个决议，如何去发扬这三个决议里面的精神？

---

① 拓展资料：早在 1919 年 7 月，毛泽东在《湘江评论》创刊宣言中掷地有声提出了“六不怕”：“什么不要怕？天不要怕，鬼不要怕，死人不要怕，官僚不要怕，军阀不要怕，资本家不要怕。”20 世纪 50 年代末，我国面临着来自内外多方的压力和挑战，有的人产生了畏惧、犹豫、想退缩的心理。1959 年 5 月，毛泽东同志在会见一个外国代表团时，用幽默诙谐的语气说：“世界上有人怕鬼，也有人不怕鬼。鬼是怕它好呢，还是不怕它好？中国的小说里有一些不怕鬼的故事。我想你们的小说里也会有的。我想把不怕鬼的故事编成一本小册子。”“经验证明鬼是怕不得的。越怕鬼就越有鬼，不怕鬼就没有鬼了。今天世界上鬼不少。西方世界有一大群鬼，就是帝国主义。”20 世纪 60 年代，毛泽东把编辑《不怕鬼的故事》这一任务交给中国科学院文学研究所原所长何其芳。何其芳等从《列异传》《幽明录》《广异记》等中国古代笔记小说里，精选了《宋定伯捉鬼》《油瓶烹鬼》等篇目。这些故事，短的几十个字，多的也不过千把字，形象生动地描绘了不怕鬼、勇斗鬼的故事。毛主席亲自修改了这本小册子的序，同时还很重视这本故事集及其序言的宣传教育效果。他所倡导的，是一种不仅“不怕鬼”，还要主动进击“打鬼”的大无畏精神。晚年毛泽东，在《杂言诗・八连颂》中写道：“全军民，要自立。不怕压，不怕迫。不怕刀，不怕戟。不怕鬼，不怕魅。不怕帝，不怕贼。奇儿女，如松柏。上参天，傲霜雪。”1989 年 7 月 2 日，邓小平在会见美国总统特使布伦特・斯考克罗夫特之前，对陪同会见的同志说：“中国人应该有中国的气概和志气。我们什么时候怕过人？”“中国的形象就是不怕鬼、不信邪”。9 月 4 日，邓小平更是明确指出：“要维护我们独立自主、不信邪、不怕鬼的形象”。“不信邪、不怕鬼”在改革开放和社会主义现代化建设新时期，发展成为与“独立自主”紧密相连的国家形象要素。党的二十大报告指出，要“增强全党全国各族人民的志气、骨气、底气，不信邪、不怕鬼、不怕压，知难而进、迎难而上，统筹发展和安全，全力战胜前进道路上各种困难和挑战，依靠顽强斗争打开事业发展新天地。”

沧老：第一个历史决议主要针对的是什么问题？主要是王明的问题吧。

李伏清老师：王明是其中一个，还包括陈独秀等等，从八七会议开始一直到遵义会议，是对七大之前的一整段历史进行一个总结。

沧老：第二个历史决议是邓小平同志提的，主要是讲如何来看待毛泽东和毛泽东思想的历史地位。第三个历史决议是？

李伏清老师：第三个历史决议是2021年11月的十九届六中全会提出的。

沧老：这个我就讲不好。

李伏清老师：我们主要讨论前两个历史决议，主要讲毛泽东思想和第二个历史决议中间的内容。

沧老：第二个历史决议主要是讲如何看待毛泽东和毛泽东思想的历史地位这个问题；另一个问题是如何来看待改革开放。

学生1：沧老，在《关于若干历史问题的决议》的起草过程中，毛泽东说，不写"左"倾路线造成白区损失100%，造成苏区损失90%的问题，不写犯错误者的品质问题，不写四中全会、五中全会的非法问题，不写教条宗派、经验宗派问题，他说"这些不说，我看至多说是缺点；说得过分，说得不对，却会成为错误。"① 您怎样理解这句话？

沧老：这个问题我没有准备，我考虑的有关毛泽东、毛泽东思想是比较近的问题，历史问题我没有考虑。我估计你们学习马

① 详细可参考李东朗：《毛泽东与〈关于若干历史问题的决议〉的形成》，《党史博览》，2013年4月1日。

克思主义哲学、毛泽东思想，围绕这方面，我倒考虑了一下。比如马克思主义中国化就是一个比较重要的问题，马克思主义中国化的趋势，毛泽东思想的成熟、特点，我都略有考虑。学界对毛泽东思想的成熟时期就有不同的看法，认为《矛盾论》《实践论》标志毛泽东思想体系的形成和成熟，最初我也是这么看的，后来觉得这个看法不大对。第二个历史决议讲毛泽东思想的成熟时期是在延安时期①，延安时期提出什么问题？实事求是。所以我觉得毛泽东思想的成熟时期的标志，应该是“实事求是”，不能把《矛盾论》《实践论》作为毛泽东思想成熟时期的标志。《矛盾论》讲的是辩证法的认识论，《实践论》讲的是认识论的辩证法，不能简单把“两论”作为毛泽东思想成熟时期的标志。②

学生4：我问一个比较实际的问题，从今年开始，我国进入了老龄化社会，这也是我们经济发展的一个坎，结合您自身来看我们目前的这种发展，有哪些需要改进和完善的地方？

沧老：不同的老年人有不同的要求，有不同的看法。就我这

---

① 延安时期指的是中共中央在陕北的13年，具体指1935年10月19日，中共中央随中央红军长征到达陕北吴起镇（今吴起县），“落户”陕北到1948年3月23日，毛泽东、周恩来、任弼时在陕北吴堡县东渡黄河，迎接革命胜利的曙光这近13年时间。

② 讨论后的第二天，沧南教授又再次同笔者讨论，得出结论：《矛盾论》《实践论》的理论宗旨正是实事求是，“两论”是在轰轰烈烈的中国民主革命实践基础上探索总结得来的，来源于中国民主革命实践，反过来又通过实践的反复证明而为全党所接受，如此实践——认识——再实践——再认识循环往复，这种态度和方法正是中国共产党人在革命实践中，学习革命、领导革命并取得最终胜利的唯物辩证法。这是马克思主义哲学中国化的成功开篇，“走自己的路”的“源头活水”。这种看待“认识”或“理论”的观点和态度，正是后来毛泽东在整风运动中反复强调的实事求是、从实际出发的根本观点和根本态度。从这个角度来说，《矛盾论》《实践论》标志毛泽东思想体系的形成和成熟又是成立的。

个老知识分子、老党员来讲，我觉得应该是每天要学习几个小时，对老年人来讲，不能做的事情很多，但是也有事可做。当前最重要的就是向青年们宣扬信仰问题，社会主义祖国的未来就取决于你们现在树立什么样的信念，这绝不是危言耸听。二十年后，党政各级领导权就掌握在你们手上，到那个时候走什么路、举什么旗就取决于你们现在树立什么样的信念。所以一般讲青年强，祖国就强，我不大同意。

李伏清老师：还要看信念坚定不坚定对吧？不然越强越危险了是不。（大家哈哈哈大笑）

沧老：我觉得要看信仰坚定不坚定，正确不正确。这个信仰问题实际上是理论和实践统一的问题，光嘴巴讲信仰，不力行，不行，空讲大道理，坐而论道，也不行，所以信仰要笃信，一心一意地信仰一种思想体系或者某种主义；同时要力行，要把这个信仰的某些原则变为自己的言行准则。信仰本身是个思想，是个观念，它自身不能变成现实，主要靠信仰者去宣传和组织人民群众，形成一支浩浩荡荡的革命大军同反动势力作斗争，在这个斗争过程当中，慢慢地一步一步地把信仰变成现实。所以老年人，特别是老党员，受党的教育时间长一点，应该要做信仰工作，要给青年人们讲信仰的重要性、必要性，这个不仅仅决定你们的言行、工作和命运，实际上是决定社会主义祖国的前途和命运。所以信仰，不是个人问题，也是一个社会问题；从某种意义上讲，也是一个政治问题。

学生1：我觉得您讲得特别好，在中国共产党成立100周年的时候，政府给我爷爷发了一个“光荣在党50年”纪念章。我爷爷拿到后就一直捧在手里看，老一辈的这种信仰特别坚定，也深深影响着我。我爷爷有那种老式日历，7 月 1 日那天还写着“建党 100 周年”“中国共产党好”，让我印象特别深刻，所以一定要坚定信仰，举起马克思主义的旗帜。

学生5：沧老，我认为中国人的信仰坚定应该是马克思主义中国化的最重要的一个结果。我们要推动马克思主义中国化，让中国人的信仰更坚定，更信仰马克思主义。我在读《沧年往事》的时候，看到您好像写过一本关于在农民中推进马克思主义哲学的书，我认为那是推动马克思主义大众化的一个特别好的行为，毛爷爷那会儿就说推动马克思主义大众化，我觉得那时应该是到了登峰造极的那一步了，人民对于毛爷爷的信仰是特别坚定的，对于共产主义的信仰也是特别坚定的。在改革开放以后，我们特别强调马克思主义中国化，包括到现在强调马克思主义的中国化和时代化，但是好久没有去推动马克思主义大众化了。我想问一下老师，我们该如何去借鉴毛爷爷推动马克思主义大众化的那一系列行为，因为我未来想当高中老师，让我的学生去认识马克思主义，但是现在好像没有方法、找不到路。

沧老：实际上马克思主义中国化的趋势、马克思主义中国化的目的是什么？就是要使中国马克思主义化，就是要按照马克思主义的立场观点和方法来改造中国的现实。所以马克思主义中国化的目的就是实现中国实际马克思主义化，这是目的之一、趋势之一。我觉得你刚才讲的马克思主义中国化，就是要大众化，这个问题很重要，不是把马克思主义放在书斋里面学习，要从书斋里面解放出来，走到人民群众中去，要使马克思主义大众化。毛泽东很早就提出了这个问题，但是河南登封三官庙党支部做了这个工作。[①] 三官庙党支部当时就把毛泽东这些思想大众化，他们每天早上出去干活之前要讲个半个小时。有次有个人（甄秉浩）讲物质第一性，意识第二性时当场举了一个例子，拿起一个大石头，问大家看到了吧？把它拿走了，它还存在不存在？他说，还存在，这就叫物质。你看到也好，看不到也好，它总是客观存在在那里。当时我去到三官庙跟着他们一块学习，也给我任务，让我写一本农民的哲学，跟课本一样的。我在那里干了学了两个月。那时候粮食不够吃，我去的时候，餐食是一个馒头加一碗南瓜糊。

李伏清老师：那时候消极怠工、浑水摸鱼的现象很多。

沧老：我刚开始去的时候还有一个馒头，过了半个月，馒头也没有了，只吃南瓜糊，心想赶快完成这个工作，写完一章就到农民当中去宣讲，听取他们的意见，然后再修改。当时正好群众出版社有两个编辑在，他们说“你搞完这个，我就给你出版”，当时又年轻，赶快加油干，搞完了以后，却出现了其他问题。中央党校的杨献珍去访问三官庙，人大一个教师就问，“他（指沧老）劳动没劳动?”他们老老实实说，“没劳动”。访问回来后就打电话给我们校长吴玉章，吴玉章一接到这个电话，就打电话到系里问具体情况，我说，“这个事情不能怪我，你们没有说要去参加劳动。”过了两三个星期，康生也打来电话说，“你们学校的一个老师，到了三官庙不劳动是不行的。”哲学系书记叫齐一，现在大概已经走了，他说：“这个事情不能怪你，由我来负责。”我

① 1958 年 3 月，河南登封县（现登封市）三官庙的农民办起了农民红专学校开始上哲学课。三官庙全民学哲学前后断断续续，两起两落，持续时间长达 20 年，曾两度轰动全国，惊动了当时党和国家领导人，成为当时全国各工厂、学校、部队、机关团体及广大农村等领域的学习典范。中共河南省委宣传部曾主编《登封三官庙全民学哲学的经验》，1959 年河南人民出版社出版。

说："你们叫我去，没有说边劳动别写，只是让我去搞这个小册子。"他说："好，以后不管是怎么讲，由我来挑担子。"杨献珍当时提出了"一分为三"，可以查一下"一分为二"与"一分为三"的争论，他同意物质变精神，但反对精神变物质，认为精神变物质是唯心主义。我对毛泽东讲的主观能动性很感兴趣，写了几篇文章。我认为，在人类社会初期的时候，主观能动性的作用很小、范围很小、表现很难，但绝不等零，如果等于零，人就不能从动物的本能性分离出来。随着科学的发展、社会的进步，主观能动性的作用范围越来越大，但不管范围多大，绝不能按照你的主观意志来创造客观规律。可以把马克思、恩格斯、列宁、毛泽东对哲学的论述比较地看一看，毛泽东非常强调主观能动性，我觉得这是毛泽东思想的一个特点；第二个特点，就是把马克思主义的原理、原则变成方法。

李伏清老师：这个在《毛泽东哲学批注集》里面表现得更加明显。

沧老：对对对，哲学批注集说明了什么问题？说明了毛泽东的学习方法问题，这对你们来讲非常重要。毛泽东学习是博学，什么都看，不仅看马克思、恩格斯、列宁的著作，还看佛教，他每次出去都要带唐朝慧能（又名惠能）的《六祖坛经》。所以现在，特别是你们青年，不要只看哲学方面，知识面广一点，多看一点，比如与哲学关系最密切的经济学，其他文史哲类书籍也要看一看，要博学，什么都看。第二个特点是"三复四温"。现在大家看书写两张笔记就不错了，看了以后放到书架下面，除了研究某个问题时，要找这本书再翻一翻，否则的话就不看了。毛泽东就主张"三复四温"，他在看《二十四史》的时候，特别注意宋史，“某年某月初读”“某年某月再读”“某年某月三读”，所以他记忆力好。他有个医生姓唐，叫唐由之。[①] 毛泽东问他：“你父亲是个知识分子吧？”唐由之说：“是的。”毛泽东说：“我看你父亲一定读过鲁迅的诗，鲁迅有一句诗是‘花开花落两由之’，你父亲一定是从这个里面想出来的。”第三个特点是，毛泽东在学某篇文章时，一定会记笔记，为什么作者提出这样一个问题？这些问题怎么解决实际？怎么样同自己的思想联系起来？所以，你们读书一定要多看多想多记。如果一个星期写两条，一个学期就是几十条，四年就是几百条，毕业时对哪一点感兴趣，进一步对笔记做扩充，可以写出二十万字。不过只写自己新的观点，二十万字很难，自己创新的观点几万字足矣。所以一有机会，我就呼吁博士论文不要写二十万字，搞得学生写得也累，审查得也累，几万字的创新观点即可。

李伏清老师：其实爷爷刚刚讲到马克思主义中国化这个问题，我认为围绕着中国话语与大众化还有时代化，其实是可以去做进一步思考的。大众化在某种程度上和中国化并不是分离的，尤其是在毛泽东思想实现的第一次伟大飞跃这里。我觉得毛泽东思想能够成为毛泽东思想，不纯粹有理论上的，更有实践上面的新的推进，而这种推进是和各个阶层的理论的大众化分不开的。因此，某种程度上来说，大众化是实现中国化的一种重要手段，而中国化本身又不断地推进大众化传播内容的丰富性，两者之间不是分离的。你们可能也留意到了，在二十大报告里，它的提法有新的

① 可参考卢春宁：《为毛泽东做眼科手术的医生：唐由之》，人民出版社 2011 年版。

变化，现在提的是马克思主义中国化、时代化的新境界，但是并不等于没有大众化的内容，因为在某种程度上，可能已经默认大众化推进中国化的一个理论成果，已经融进了习近平新时代中国特色社会主义思想理论体系。我们今天的一个时代使命就是围绕着时代问题，进一步推进中国化，所以不能说现在不谈大众化了，只不过是大众化已经在过程里面作为一种结果。与此同时，大众化也会融入时代化里面，像甄秉浩、高长海、沧爷爷等传播的这种农民哲学，也是融入那个时代里面。把我们的理论成果应用到实践当中，由广大的农民朋友们来掌握。他们掌握之后，在劳动实践过程中，同样会推动中国化。比如，在我小时候，我爸爸他们工作时，整个的生产大队里面会有各种各样的劳动号子，还有劳动的山歌，这里面其实就包含着这些农民对理论的理解。他们通过这种喊号子的方式，增长了干活的积极性，原本准备中午十二点要收工的，几个人吼一吼，可以接着多干四十分钟，那这四十分钟里面实现的就是精神变成为物质的部分。这是他们一种比较独特的理解方式，我认为是不能忽视的。今天的学生通过碎片化的方式，接受网络带来的新鲜事物，这难道不是一个大众化的过程吗？只是各主体的方式会有些微的不同。过去没有正式提出马克思主义中国化，但延安时期应该是马克思主义大众化做得非常好的时期，比如长征途中红军战士背后写了各种各样的标语，不识字的也可以一个一个来认，以此来补充他们的文化，来加深他们对于理论的理解。

沧老：毛泽东最善于把马克思主义的原则方法化，这实际上也是大众化。他讲一分为二看矛盾，很容易被大众理解。《实践论》里面举的例子，也没用很高深的语言来讲。比如，他说想要知道梨子的味道，就请你自己去尝一下梨子，牛奶的味道是什么样，你自己尝一尝就知道了，辛苦你自己去变革梨子。

学生1：沧老，我想再提一个关于第一个历史决议的问题，这是在延安整风运动中提出来的，里面提到了“山头主义”，这个“山头主义”我不太理解，请问它跟宗派主义有什么关系呢？

沧老：“山头主义”实际上是宗派主义的一种表现形式。比如，我是一个军长，军长下面有好几个师，这些师都对军长很尊敬。宗派主义是大一点的概念，“山头主义”小一点。过去我们一帮人在一起，对我这个“头头”很害怕，听我这个“头头”的，这就是“山头主义”。

学生4：沧老，毛泽东讲事物的发展是一个波浪式前进和螺旋式上升，请问这个怎么理解？

沧老：《毛泽东选集》第五卷里面讲给市委书记的一段话是，事物的发展是波浪式的，太阳的光叫光波，无线电台传出来叫电波，声音叫声波，一切事物的发展都是波浪式的，为什么呢？就是一切事物都有矛盾，矛盾双方条件不一样、地位不一样、力量不一样，发展不可能同步进行，总是有先有后，形成波浪式的。毛泽东从1928年就开始讲波浪式发展，但这个问题没人研究，所以我就想让你们去研究。社会也是波浪式发展的，旧社会也可以看到起伏，第一次失败就是巴黎公社，巴黎公社失败以后，苏联社会主义革命成功了，1949年中国社会主义革命成功了，后来东欧剧变、苏联解体，社会主义发展也呈现出了波浪式的。对这个问题的研究一定要从巴黎公社开始，巴黎公社可以说是社会主义的初心。

学生4：毛泽东在《关于正确处理人民内部矛盾的问题》里

面提到社会主义社会的基本矛盾，在马克思的《资本论》里面，提到的是社会发展的基本矛盾，社会发展的基本矛盾和社会主义社会的基本矛盾有什么样的区别？

沧老：我觉得有区别。社会发展的基本矛盾和社会主义社会的基本矛盾是两个概念。只要有社会存在，生产力和生产关系、经济基础和上层建筑这个基本矛盾就存在，但这是社会的基本矛盾，不能用社会的基本矛盾来代替社会主义社会的基本矛盾，就像不能用社会的基本矛盾来代替资本主义的基本矛盾。资本主义社会作为人类社会来讲，当然包含经济基础和上层建筑的矛盾，但是作为一个阶段来讲，资本主义社会有没有它的基本矛盾呢？应该有啊，这就是生产社会化与资本主义生产资料私有制之间的矛盾。同样的道理，社会主义社会作为人类社会来讲，基本矛盾是生产力和生产关系、经济基础和上层建筑之间的矛盾，作为社会主义社会这个阶段来讲，它的基本矛盾是什么呢？毛泽东也没有讲，毛泽东就讲社会主义基本矛盾，社会基本矛盾不能代替社会主义社会基本矛盾。我觉得就是先进的社会制度和落后的社会生产力之间的矛盾，这是八大提出来的矛盾，我认为这个提法是正确的。与此相关的还有一个问题，社会主义社会的矛盾同社会主义矛盾是两个概念，社会主义社会的矛盾，就是既有社会主义本身的矛盾，又有旧社会遗留下来的矛盾，还有新社会的共产主义的矛盾，社会主义社会的矛盾范围更大，社会主义矛盾比社会主义社会矛盾的范围小。

学生4：我看到的和沧老讲的有点出入，它说社会主义基本矛盾是生产力和生产关系、经济基础和上层建筑的矛盾，但生产力和生产关系这对矛盾是人类社会的基本矛盾，包括奴隶社会、封建社会、资本主义社会，是一个特殊和一般的例子，生产力和生产关系这个矛盾是最根本的矛盾，把生产力和生产关系这个矛盾归到所有社会的一般性上，而社会主义的基本矛盾就是生产力和生产关系、经济基础和上层建筑，是只符合社会主义的，不符合所有的社会。

沧老：你说只是生产力和生产关系，那主观的因素就排除在外了。在社会发展过程中上层建筑起不起作用？社会主义社会或资本主义社会的基本矛盾有两个，但我认为基本矛盾最好是一个。我最初在思考，生产力、生产关系、上层建筑是不是能构成人类社会的基本矛盾呢？如果这三个方面既统一又相互排斥，那就是矛盾，过去的各种提法都认为矛盾最典型的是两个方面相互吸引又相互排斥，但是否也有可能是三个方面？之所以这样讲，是因为生产力同生产关系不能分开，生产关系又不能同上层建筑分开，生产关系的总和就是经济基础嘛，生产关系在中间起了桥梁的作用，对上层建筑来讲，它是经济基础，对生产力来讲，它是生产关系，为什么不能作为一个矛盾来提出来，因此要警惕是不是自己想错了。

学生4：生产关系既联系上层建筑又联系生产力，同样对应实践，实践既有认识又有客观事物，既是客观的又是主观的，《资本论》对分工的定义也是具有二重性的，现在出现了三个要素并列，那是不是证明在某些特殊情况下会出现一分为三的辩证法？

李伏清老师：但是你这个划分是有问题的，实践具有直接现实性，它本身就可以直接沟通主体和客体，它能够实现主体客体化和客体主体化的双向过程。

沧老：如果再找出例子，具有普遍性，我看可以思考。但你刚说的实践，要考虑三个方面既相互联系又相互排斥，那实践和客观事物呢？

学生4：我们想做一个东西，但做出来的东西和我们想象出来的东西是有差距的，不可能完全符合，这就是排斥，有差异就会产生矛盾。

李伏清老师：这个方面我们可以继续深入探讨，但是最终你要能够自圆其说，就像爷爷讲的，你要去论证它，要能够找到具有普遍性的三者之间的联系；其次，你要确定这三者之间的关系不是线段型或直线型或者射线型的，因为直线型构不成矛盾，它有无数个点，在数学理论上行不通。就像爷爷讲的“三复四温”，文章是改出来的，有时候放在那里，现在怎么也想不通、理不清，说不定过段时间又突然茅塞顿开，知道以前错在哪，但前提是要广泛地阅读、大胆地去写。当然在自圆其说的过程中，需要考虑遵守逻辑规则，尤其是概念的内涵和外延的一致性，不能偷换了概念。

2022年10月16日，马克思主义学院2022级党史1班吴垠等访谈谈

沧老讲述对《毛泽东哲学批注集》的总要概括与理解

这本书的出版给我们学习研究毛泽东哲学思想提供了第一手的材料。这本书不仅反映出毛泽东哲学思想的发展过程，也反映了 20 世纪 30 年代哲学思想的影响。书中一共 692 个字里行间的批注。从内容来看，大概分为四点，第一是其读书时对某段文字或某篇文章的简要概括。第二是联系时代背景做出相应批注。当时正值抗日战争时期，书中收录了部分有关抗日战争的批注，有关中国革命的批注，有关统一战线的批注。第三是对他认为原书作者的论述有误的部分，做了一定的修改。第四是“点头和摇头”。比如，他感觉到这一段讲得很好，会标注“对”“很对”“一针见血”“至理名言”。

首先我们看原著，他打了好多问号，我数了有一百八十几个，不包括字里行间的批注，这就说明他有质疑。我们要注意他在什么地方、为什么打了问号。这些批注是他看书的时候随时记录下来的一些想法和见解，值得同学们认真分析。我把这本书概括为“两性一化”，两性是实践性、评论性，一化是马克思主义中国化的具体化。实践性就是有很多关于联系中国实际的批注，例如刚才讲的有关抗日战争的批注，有关中国革命的批注，有关统一战线的批注，等等。体现评论性的地方有很多，包括质疑和补充。比如李达说物质是运动的，毛泽东讲这是对的，但是只讲了一方面，全面来说应该是物质不能离开运动，运动也不能离开物质。再比如李达讲，唯物辩证法有三大规律，根本规律是矛盾规律，即对立统一规律。毛泽东补充说是“最根本规律”，这个“最”字突出了对立统一规律在唯物辩证法中的重要地位。评论性的另一个体现是修改。毛泽东看到某篇文章里面提到机械唯物主义否认客观存在，将它改成了经验批判主义否认客观存在。因为机械唯物主义还是唯物主义，是用机械力学说明运动发展，而经验批判主义是唯心主义，否认客观存在。

其次是一化，即马克思主义中国化的具体化，具体化要做两个方面的工作。一方面，要用马克思主义的立场、观点和方法来说明中国实际，说明中国的经济、政治、军事、文化等等问题。另一方面是要批判继承，在中国文化中加入一些唯物主义辩证法的因素，将朴素的唯物主义和辩证法的因素这两个方面统一，使马克思主义中国化。马克思主义中国化的目的是什么？目的就是使中国实际马克思主义化，就是要用马克思主义的立场、观点和方法来说明、解释和解决中国的实际问题。所以我就把这本书的特点归结为两性一化，两性就是实践性跟评论性，一化就是马克思主义中国化的具体化。

学生：沧老，我先提一个问题。文章中提到在阶级社会中，我们作为认识的主体，认识周边的事物时是带着阶级性的，怎么理解这个阶级性？比如，书中讲认识的主体是社会化的人类，不是有理性的人类，我们怎么理解这个社会化的人类呢？人类是通过实践去认识世界的，那我们为什么不是实践的人类，而是社会化的人类？

沧老： 实践是认识的基础，离开实践，没有认识，同时认识是社会性的认识，也不能离开人类社会。

学生： 沧老，我的第二个问题是恩格斯指出唯物辩证法的三大规律时没有讲哪个是最根本的规律，但是毛泽东同志在很多地方把对立统一规律作为最根本的规律，认为可以通过对立统一规律来了解和掌握其他的规律，请问沧老应该怎么了解和掌握呢？

沧老： 毛泽东认为唯物辩证法三大规律中最主要、最根本的规律，就是对立统一规律，而量变质变实际上是对立统一规律的表现，否定之否定同样是矛盾的两个方面，也是对立统一规律的表现。

学生： 老师，是不是其他两个规律都是从对立统一规律中衍生或者推演出来的呢？

沧老： 否定肯定有个肯定，没有肯定怎么否定呢？肯定、否定，再肯定、再否定，这是对立统一。同样，离开了质变，就没有量变，质变和量变是相互联系又互相排斥的，一个是讲质，一个是讲量，所以也是对立统一规律的派生。毛泽东对对立统一规律的提法有三种。第一个是对立统一规律是唯物辩证法的最根本规律。第二个是对立统一规律是宇宙的根本规律，辩证法范围要小一点，宇宙的范围更大，这个观点带有一点构想的味道。第三个是辩证法只有一个规律，即对立统一规律，这个对不对呢？我认为唯物辩证法的三大规律——对立统一规律、量变质变规律、否定之否定规律，最根本的是对立统一规律，但是其他两个规律也不能否定。

学生：我在看这本书“现象与本质”那部分时，看到它讲本质是现象的源泉，但是又说现象与本质可以是一致、统一的，又可以是对立的、不可调和的。我想问一问为什么它们可以是对立的、不可调和的？

沧老：一个是现象，一个是本质，当然是对立的。看到我的样子是现象，没看到思想，思想才是我的本质，特别是对共产党员来讲，最本质的灵魂、精神支柱就是马克思主义。本质看不见、摸不着，现象却看得见，因此是对立的，但是也不能分离开来，没有现象就没有本质，本质是通过现象表现出来的，所以又相互联系，相互区别。现象和本质、形式和内容这些概念都是对应的。

学生：毛泽东始终从对立统一规律的核心地位出发，来理解否定之否定的规律，把否定之否定放在了“扬弃”这一个重点上，这样理解否定之否定规律是不是有它的局限性？

沧老：他之所以不讲否定之否定，是肯定事物的发展是肯定、否定，再肯定、再否定，肯定再否定就是连锁发展，是个整体的过程。毛泽东很少讲否定之否定，因为他认为量变质变规律，否定之否定规律，实际上都是对立统一的，都是矛盾的表现。

学生：我看到书中有关于社会主义的实践观和资本主义的实践观的对比，那社会主义既然有这么大的优越性，为什么还是资本主义国家更多呢？

沧老：从历史发展来讲，早在 14 世纪，资本主义就已经萌芽。资产阶级为了掌握政权进行革命，消灭了封建社会，建立了资本主义社会，其产生经过了很长的一段时间，那么资本主义从存在到灭亡也要有一个过程，也就是说无产阶级革命同样要有一个过程。现在我们社会主义制度的优越性还没有完全表现出来，我们要沿着中国特色社会主义道路，集中力量进行社会主义现代化建设。

李达讲过社会主义同共产主义的区别。① 他说，在社会主义公有制中，对剥削阶级没收他们的财产，作为国家的公有财产，对个体农民、个体手工业者，要保留私有制，只有到共产主义社会，才能够把个体农民和手工业者的个体所有制变成公有制。我看这个观点很正确，现在不就这样子吗？社会主义实行公有制是对剥削阶级来讲的，要把剥削阶级的所有制变成社会主义所有制，不是针对个体农民和手工业者。只有到了共产主义社会，才把个体农民、个体手工业者私有制变成公有制。

学生：我看过您一篇文章，讨论差异算不算矛盾的问题。② 我理解的是不同时期我们对于差异与矛盾有不同的看法。请问沧老这是为什么呢？

沧老：不管在什么时候，有差异就是有矛盾。什么是差异？差异就是事物联系起来有区别，首先事物间有联系，而且又互相排斥，这不就是矛盾吗？

学生：一个事物在发展的前一阶段，处于量变的过程中，但还没发生质变的情况下，其中发生的这些小的量变算不算差异？

沧老：但是还没有完成质变，那么它也是存在矛盾的，这个量变还没有显示出质的特点，是不断地进行量变，也不断地进行

---

① 李达：《什么叫社会主义？》《社会主义的目的》，原载于1919年6月18日、19日上海《民国日报》副刊《觉悟》，署名鹤，收录于《李达文集》第一卷（人民出版社1980年版）。

② 沧南：《论“差异就是矛盾”》，《湘潭大学学报（哲学社会科学版）》，1996年第2期。

质变。拿人来讲，集体主义思想多一点，个人主义就少一点，个人主义思想多一点，集体主义思想就少一点，这也是矛盾。

学生： 两者是一个联系观。事物间天然存在差异，比如一个人矮一些，但只有当我把他和其他人对比时，他们才产生联系，才会有这样一个矛盾存在。如果这两个人毫不相干，是不是没有这个矛盾？

沧老： 这两个人毫不相关，也是天然的存在。不管你看到也好，没看到也好，它都存在，不是因为你看到才有这个矛盾。你没看到只能说你还没有认识到他们之间的矛盾。

学生： 所以这种差异性是天然的带有联系的，有这样一个联系、这样一个因果存在是吗？

沧老： 一个高一个低，你只有把两个联系起来，才能比较，才知道谁高一点，谁矮一点，这就是高矮这个矛盾，对不对？所以，否认差别是矛盾是孤立地来看两个东西，孤立地看，我和喜马拉雅山的石头毫无联系，谈不上有什么矛盾，只有把这两个东西联系起来，才能看出来。

学生： 我有一个问题，毛泽东读到马克思的一句话时指出了它的要点，就是本书 113 页，他举的就是多数小劳动者的私有转化为少数资本家的私有，再转化为社会公有的私有。这样的流程，到底是一个再循环的过程，还是一个矛盾发展的过程？

沧老： 这是一个剥削者被剥削的过程，这是资本主义社会发展的规律，对不对？在封建社会里面产生资本主义萌芽，然后进行革命，夺取政权，变成资本主义社会，然后进行社会主义革命，大概是这个过程。原文中提到了对生产资料的否定，包括机器大生产这些东西，社会财富以及社会的生产资料最终会流入社会所共有。无产阶级革命胜利后，掌握政权，剥夺剥夺者，私有制会转化为公有制。

学生：他（毛泽东）原文里面讲到感性认识和理性认识时，提出感性认识是占主导的，我不是很理解这句话，为什么感性认识会占主导地位？

沧老：如果说感性认识占主导地位的话，那还没有认识到事物发展的规律。相对理性来讲，感性认识是理性认识的基础，理性认识一定要建立在大量的感性认识的基础上，才能发现事物的发展规律，没感性认识做基础，理性认识是空的，所以必须亲自做大量的社会调查研究工作，深入人民群众，深入社会。这个调查研究是理性认识的基础，否则理性就是空的。这里的理性认识对于感性认识的依赖，我们可以理解为是认识对于实践的依赖，因为感性材料是他们从实践中直接得来的，要从感性认识上升到理性认识，就需要大量的材料，在收集材料的基础上再发挥我们的主观能动性，把它上升到理性认识。

我觉得归到这本书上来，最需要注意的是这本书中对某一观点的新概括、新理解、新总结，这是我们的研究重点。比如毛泽东提出矛盾的特殊性有三个方面。第一是矛盾双方的地位特殊性；第二是矛盾双方通过具体联系形成特殊性，各个矛盾都不一样，有自己的特殊性；第三是这种相互联系破裂之后，又采取何种特殊的斗争显示。我们还要注意学《矛盾论》《实践论》有哪些新的提法。

《矛盾论》我起码读了四五十遍，一年读一遍。我们讲辩证法的时候不外乎两个定义，恩格斯讲辩证法是关于联系的学说，列宁讲辩证法是关于发展的学说。但是联系和发展不是孤立的，恩格斯讲的定义是对的，列宁下的定义也是对的，但是都是分开讲的。毛泽东把它们联系起来，说马克思主义辩证法就是把联系和发展统一起来。什么叫统一性？是联系又发展，所以我认为毛泽东给辩证法下了一个新的定义，比恩格斯和列宁更进了一步，恩格斯是孤立地讲联系，列宁是孤立地讲发展，毛泽东是把联系和发展结合起来讲。你看我学《矛盾论》，教了几十年的书，一年就看一遍，也看了几十遍了，“温故而知新”，只有多看才能发现新的东西。

针对马克思主义理论，我就想讲一个观点。列宁、毛泽东讲斗争是绝对的，同一是相对的，这个观点我们需要恰当理解。

马克思恩格斯没讲过，从列宁开始讲这个问题。我们说斗争是同一中的斗争，同一是斗争中的同一。毛泽东解释，同一是有条件的，斗争是无条件的，但在没有同一的时候怎么斗争呢？所以我最初质疑过这个观点，后来再一细想，毛泽东讲矛盾斗争的绝对性主要指它的无条件性。这里的无条件性似乎并不是简单地说它不需要任何具体条件或不处在任何具体条件之下，而是指矛盾的斗争性既存在于具体条件之中，受特定条件（或者说同一赖以存在的条件）所限制，又能够打破这些条件的限制，创造事物发展所必需的新条件。这是斗争的绝对性的实质，也可以说矛盾的斗争性是在任何条件下都有贯彻下去的趋势，这是一种打破既有条件的趋势。毛泽东所指出的事物运动的两种状态都为矛盾斗争所引起，正是体现了这种趋势，体现了事物运动、发展的绝对性根源于事物内部矛盾斗争的绝对性。[①]

---

① 沧南教授曾反复提及这个主题，对绝对性的无条件性不断地思考，甚至也经历了认识——再反思——再认识的反复思考过程。

学生：我想问一下，如果不是从实践中来，那么客观规律从哪里来？

沧老：客观规律是指某个事物，某个事物可不是抽象的，是具体的，你要讲资本主义社会发展规律、社会主义社会发展规律、人类社会发展规律，那就是具体的，也是从实践中得来的规律。规律是客观存在的，我们一次又一次去认识它，通过什么认识？通过总结经验来认识。调查研究后总结经验，能有一个东西不断地重复，那很可能是客观规律。

学生：我有个问题，还是真理和认识的关系问题。您刚才说您的理解是实践是检验真理的唯一途径，客观规律是检验真理的标准，真理本身就是一种我们已认识到的规律，是我们总结出来的在现阶段看起来比较客观的东西，而且作为检验标准的客观规律，我们不可能完全把握，所以我认为它也是带有一定误差的，是相对的。因此，我认为这句话应该补充为客观实际是检验真理的标准。真理是对规律的认识，那么对规律的认识是否正确，只能看它是不是跟现有的事物相符合，而不能看是不是跟现有的规律相符合，因为我们对现有规律的认识也是有限的。

沧老：真理是认识的结果，就是通过感性认识、理性认识来发现并总结经验，调查研究就是这样一个过程。如果发现有一种现象不断地重复，那很可能是规律。比如说，马克思、恩格斯在研究资本主义社会时，发现了每隔几年就会出现一些危机，这就是资本主义社会发展规律。我们其实可以认为，规律是一直存在于某一个层次上的，它可以作为一种客观存在。唯物主义者讲的都是主观对客观的反映，这些事物里边就蕴含着它们自身的客观规律，但这个规律是等着我们去认识的，而且可以脱离我们的认识独立存在，不被我们的认识所影响。

学生：您刚才说真理是从感性认识和理性认识一步一步发展起来而找出来的规律，比如说对经济危机的认识。我们从认识里面找出真理，去认识的真理是一种客观存在的东西，又是一种主观认识上的东西，怎么处理两者之间的关系呢？

沧老：比如说，资本主义社会发展规律只有资本主义社会才有，不是资本主义社会就没有这种发展规律。去认识资本主义社会的时候，才发现有经济危机，因此，经济危机就是资本主义社会的一个本质表现出的现象。

2022 年 10 月 22 日，马克思主义学院 2022 级思政 1 班常博睿等访谈

学生：沧老，您能再说一下毛主席提出的主观真理的意思吗？

沧老：毛主席讲客观真理，而你一旦认识了客观真理，就马上转化为主观真理了。也就是说，对客观规律的认识，一经表述就会转化为主观。主观真理是我们对于客观事物之间的规律最还原的一种反映，但可以不断地推进，不断地接近它原本的情况，但是也不可能达到对客观真理最完美的认识。为什么教材上最后没有引入主观真理这个说法呢？因为如果真理符合了客观，就不讲主观真理，如果客观真理不能转化为主观真理的话，就永远不能被认识，运用马克思主义客观真理去指导人类社会活动，就成了一句空话。这正是我们强调真理是主观符合客观的认识，强调真理的主观性（形式上的）和客观性（内容上）的辩证统一的原因。

附录1　浪淘沙令·哭恩师沧南教授

疫疠卷邪风，
夺我师翁。
千山泣送粤湘同。
记起当年离母校，
愧对深衷。
经岁再难逢，
念想皆空。
人师难遇行持中。
乐道清贫怜弟子，
伟岸苍穹。

弟子毛萍壬寅年腊月十七于佛山

附录2　缅怀

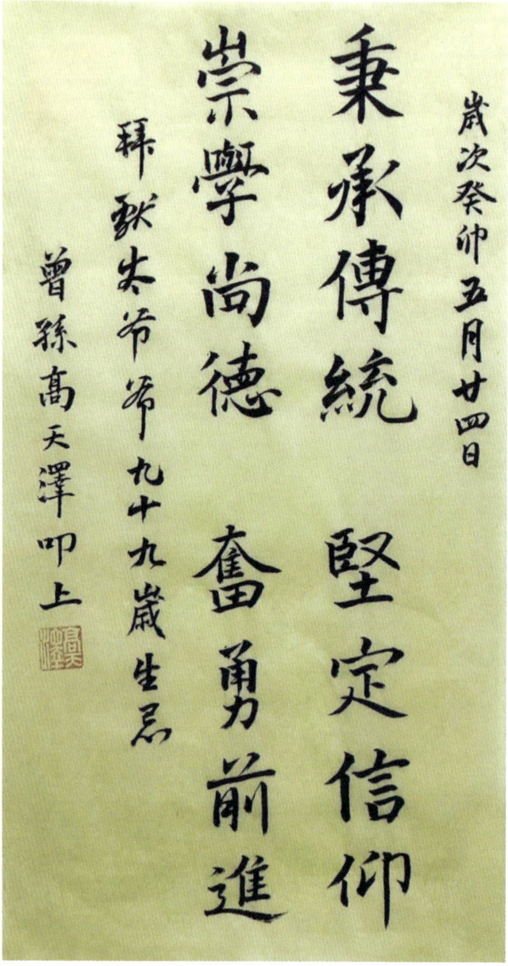

安徽老家第四代孙高天泽为纪念沧南九十九岁生忌所写

后　记

沧年无意染白发，南柱有情渡苍生。是什么力量能把各位老师、同学集聚在这本纪念册里呢？是师生情、朋友情，甚至是深化的亲情，大家一起重温与沧南教授在一起的故事。因为情意让岁月有了痕迹，变得真实；因为情意让年华瞬间冻结，变得精彩；因为情意让时光停滞，有了色彩。

当你翻开纪念册的时候，一幅幅熟悉的场景跃然纸上，浮现在眼前。当你合上纪念册的时候，沧老的音容笑貌印在脑海，挥之不去。

在编写这本纪念册的过程中，收录了原来的一些经典新闻报道，尤其是沧老第二次被评为“全国优秀教师”、获“全国道德模范”提名奖、湖南省优秀共产党员等荣誉时的报道，特此致谢。纪念册的汇编工作得到了沧老弟子们，如湖南省人大常委会副主任彭国甫、中南林业科技大学原校长廖小平教授和已是耄耋之年的罗萍教授、曹仁杰教授等人的大力支持。同时还得到了湘潭大学党委及宣传部、离退休工作部（处）、马克思主义学院、碧泉书院·哲学与历史文化学院、出版社等各级部门的鼎力支持和协助。由衷感谢各级领导和亲朋好友的关注与支持，齐心协力，共襄此举。

沧老永别之时，又逢疾情，学校领导和亲朋好友仍克服重重困难，举行了隆重的告别仪式，同时对沧老全家给予无微不至的关怀和照顾，在此一并致以诚挚的谢意！

尽管沧老离我们远去了，但出版这本纪念册的意义却非同凡响。满天繁星，瞭望灯塔，沧老并未远去，只是换了一种相处方式，将会一直存在于你我心中。我们珍藏了情意与回忆，岁月虽往矣，情深依旧。

编　者

2023 年 7 月 30 日

于湘潭大学毛泽东思想研究大楼

图书在版编目（CIP）数据

满天繁星瞭望灯塔 : 沧南教授纪念文集 / 李伏清，钟夏萍主编. -- 湘潭 : 湘潭大学出版社，2023.10
ISBN 978-7-5687-1271-2

Ⅰ. ①满… Ⅱ. ①李… ②钟… Ⅲ. ①故事—作品集—中国—当代②沧南—传记 Ⅳ. ①I247.81 ②K825.46

中国国家版本馆CIP数据核字（2023）第187324号

满天繁星瞭望灯塔——沧南教授纪念文集
MANTIAN FANXING LIAOWANG DENGTA——CANG NAN JIAOSHOU JINIAN WENJI
李伏清 钟夏萍 主编

责任编辑：牛敬丹
封面设计：谢玮玲
出版发行：湘潭大学出版社
社　　址：湖南省湘潭大学工程训练大楼
电　　话：0731-58298960 0731-58298966（传真）
邮　　编：411105
网　　址：http://press.xtu.edu.cn/
印　　刷：长沙鸿发印务实业有限公司
经　　销：湖南省新华书店
开　　本：710mm×1000 mm 1/16
印　　张：16
字　　数：192千字
版　　次：2023年10月第1版
印　　次：2023年10月第1次印刷
书　　号：ISBN 978-7-5687-1271-2
定　　价：99.00元